整合领导力

如何创建更灵敏、更以客户为导向的企业

［英］西蒙·海沃德（Simon Hayward）◎著

马林梅◎译

CONNECTED LEADERSHIP

湖南科学技术出版社

推荐语

"对于想有一番作为的管理者和领导者而言，本书是绝佳的读物。书中含有大量通俗易懂的故事和实用的工具。未来属于那些不仅能与客户相整合，而且还能与员工和股东相整合的公司。说易行难，企业要完成这样的整合需要有主有次地做很多事情，本书能提供帮助。"

——保罗·马修斯（Paul Matthews）
英国标准人寿保险公司（Standard Life）英国 & 欧洲区首席执行官

"整合领导原则的运用对英国三通公司产生了持久的影响，我们改善了整个企业的协作和沟通，决策速度提高了，运营更顺利了，每位员工的目标都与公司的核心目标保持一致，这激发了他们的工作积极性。"

——戴夫·戴森（Dave Dyson）
英国三通公司（Three）首席执行官

"大企业擅于阐明它们想要实现的目标是'什么'，无论是财务目标还是客户目标，但它们常常忘记阐明'如何'

实现这些目标，这个问题更重要。整合领导力模型包含了
'如何'实现目标的核心要素，例如价值观、灵敏性和协作，
运用它能促进企业的转变。我要向所有希望在这个瞬息万变
的世界里推动变革的企业领导者推荐它。"

——马克·史蒂文斯(Mark Stevens)

远见金融集团(Provident Financial Group)消费信贷部总经理

"在西蒙·海沃德的帮助下，彭特兰品牌管理公司深刻
地反思了领导力的作用。我们非常相信整合领导力，而且，
为了确保在未来10年内我们能正确地运用领导力，我们要
不断地建设整合领导力。"

——安迪·鲁宾(Andy Rubin)

彭特兰品牌管理公司(Pentland Brands plc)董事会主席

"要使组织效益好，员工的努力必须与组织的核心目标
和方向保持一致。本书提供了有趣的见解和极实用的诀窍，
可以帮助领导者创建整合型组织。建设协作文化有利于在核
心目标和方向的基础上实现共享决策，提高员工的敬业度和
生产力。"

——安吉拉·斯宾德勒(Angela Spindler)

N布朗集团有限公司(N Brown Group plc)首席执行官

"整合领导力体现了20世纪末'英雄式'个人领导风格

的明显转变，有关这一类领导风格的著述很多，但本书探讨的是'后英雄'时代的领导风格，它是一种以价值观为基础、倡导共担责任的风格。"

——雷切尔·博思维克（Rachael Borthwick）

第一集团公司（First Group plc）服务总监

"西蒙·海沃德的这部著作旁征博引地证明了建设整合领导力的必要性。他以现实生活中的例子展示了领导者应如何建立有意义的联系，进而建立信任，最终创建更灵活、适应性更强的组织，以在瞬息万变的环境中更好地响应客户的需求。"

——丹西·南希·罗斯韦尔（Dancy Nancy Rothwell）教授

曼彻斯特大学董事会主席兼副校长

"在这个不可预测的世界里，指挥控制型领导风格正在失效。本书是非常实用的指南，运用它能够改变你的领导风格，促进决策共享。"

——菲奥娜·德文·奥贝（Fiona Devine OBE）教授

曼彻斯特商学院院长

前　言

　　每年我都要与数以百计的领导者打交道，他们会跟我谈及很多问题。这些问题涉及他们对企业、职业生涯和领导效力的担忧，有时候他们也担心自己及执掌的企业对社会的影响。他们会谈及应对不确定性和变化的问题，谈及发现、培养和留住人才的问题，谈及管理日益复杂的组织面临的压力问题。即使员工人数不多，他们也会遇到这些问题。

　　领导工作如此困难的一个原因是，我们的大脑以及描述我们与外部世界互动模式的算法，并没有进化到能让我们管理大企业的程度。我们能感知到高水平协作或社会认同的群体人数的上限大约是 150 人。在组织内，领导者必须管理群体中的群体，其成员往往相互重叠。他们还必须管理，或者创造条件让其他人能够管理这些群体之间以及组织和外部世界之间的边界。

　　幸运的是，有人已经提出了一些解决方案。领导力正变得越来越分散，其三个职能，即界定变革的需要、确定如何实现变革以及实施变革，不再局限于一个人或一个层面的管理者。内联网为组织内的任何人发挥这三种职能提供了可能性，只需要领导者能够并愿意邀请他们共享这些职能即可。我们可能会认为，那些参与最多的人可能就是未来的领袖。

20余年前，我与合著者沃尔特·戈德史密斯（Walter Goldsmith）提出了"简化复杂性"（simplexity）一词，意指化繁为简的艺术，但并非过度简单化。今天的领导者面临的核心挑战是，在了解运营环境的复杂性的同时，要能意识到驱动复杂性的简单模式。这需要领导者既深耕于组织，置身于其环境，同时又能抽身事外，从更长远、更系统的视角来理解发生的一切。这也需要领导者过滤掉那些可能会误导他们理解的经验和假设，对替代方案持开放态度，并愿意对他人和自己提出质疑。

整合（Connectedness）指的是既能置身于系统内部也能从外部观察它的能力，职位越高，这种能力就越重要（或者更准确地说是一系列技能的集合）。我不知道谁率先提出了"整合型领导者"（the connected leader）一词，我只知道它是近十年内才出现的，我在2012年出版的书中第一次使用了它［《人才浪潮》（*The Talent Wave*），科根·佩奇出版公司（Kogan Page）出版］。整合型领导者做出的许多行为表明，他们对组织内部发生的事情和外部环境有很高的认识，他们能利用这些认识确保他们和整个组织的人更快地作出更出色的决策。这些行为和素质包括：培训和指导员工、鼓励和支持建设性的异议、了解自身的优劣势、成为践行关键价值观的榜样、带头学习、虚怀若谷、与外部世界保持广泛的联系、更重视提出正确的问题而不是获得正确的答案、具有深刻的伦理意识。

在《整合领导力》一书中，西蒙·海沃德汇集了许多与领导者整合概念有关的线索，并结合背景深入地探讨了整合型领导行为。书中的模型为我们将有趣的概念转化为实用的工具和方法提供了体系和框架，组织可运用它们培养下一代领导人，而今天的领导者亦可运用它们提高自己的领导能力。

大卫·克拉特巴克（David Clutterbuck）教授作家、大卫·克拉特巴克合伙公司（David Clutterbuck Partnership）负责人

致　谢

感谢培生团队在整个过程中给予的支持，团队中的每个人都表现出了极高的专业素养，特别感谢大卫·克罗斯比（David Crosby）对这一项目的信任。

感谢提供了研究支持、创意、案例、引言和反馈意见的各位客户和朋友，为了使本书读起来更有趣、更接地气，他们着实费了不少心力。特别感谢：文华东方酒店集团（Mandarin Oriental Hotels Group）组织发展部负责人杰奎琳·莫伊斯（Jacqueline Moyse）、玛莎百货集团的人力资源总监坦尼斯·道奇（Tanith Dodge）、三通公司的首席执行官戴夫·戴森（Dave Dyson）、首席运营官格雷厄姆·巴克斯特（Graham Baxter）和客户服务总监赖斯利·戴维斯（Lesley Davies）、彭特兰品牌管理公司（Pentland Brands plc）董事会主席安迪·鲁宾（Andy Long）、渣打银行（Standard Chartered Bank）全球执行和管理发展总监安东·泽尔（Anton Zelcer）、直销店集团（Shop Direct）人事总监雅克·汉弗莱斯（Jacqui Humphries）、N布朗集团有限公司（N Brown Group plc）首席执行官安吉拉·斯宾德勒（Angela Spindler）、曼彻斯特大学（The University of Manchester）董事会主席兼副校长丹西·南希·罗斯韦尔（Dancy Nancy Rothwell）教授、远见金融集团（Provident Financial Group）消费信贷部（CCD）总经理马克·史蒂文斯（Mark Stevens）、远见集团前人事总监萨拉·迪金斯（Sarah Dickins）、格雷格斯股份有限公司（Greggs plc）首席执行官罗杰·怀特塞德（Roger Whiteside）。

西鲁斯公司（Cirrus）的一些同事为我提供了建议和反馈意见，一些董事助我抽出时间研究和撰写博士论文和本书，衷心感谢他们每一个人。我要特别感谢简·奥哈拉（Jane O'Hara）、劳拉·马祖（Laura Mazur）和杰克·哈奇森（Jack Hutchison），他们在研究和编辑方面提供了极大的帮助。

我于2015年初在曼彻斯特商学院获得了工商管理博士学位，本书就是以我在该学院攻读博士学位期间开展的研究为基础的。曼彻斯特商学院的学术研究享有盛誉，根据《金融时报》2014年的排名，其博士培养质量位列全球第一。该学院在培养工商管理博士时，既重视学术培训和标准，又重视企业和公共管理领域的从业者可借鉴的方法。特别感谢凯西·卡塞尔（Cathy Cassell）教授［现任利兹大学商学院（Leeds University Business School）副院长］，我在曼彻斯特商学院攻读博士学位期间，他是我的主导师。在整个研究过程中，他给予了我诸多支持，也提出过不少质疑，还与我进行了多次深入的交流，这一切都使我获益匪浅。还要感谢我的副导师迈克·布雷森（Mike Bresne）教授，他智慧过人，总是能给我启迪。感谢迈克尔·卢格（Michael Luger）教授和康继勇（Jikyeong Kang）教授［现为亚洲管理学院（the Asian Institute of Management）院长］对我的帮助，他们使我的整个研究过程充满乐趣。感谢本书案例所涉及的组织，在两年的漫长研究期间，若没有这些组织的耐心支持，我的研究和这本书恐怕不可能完成。

最后，我要感谢我的家人和朋友们。很多个周末和晚上，我都在敲击键盘，感谢他们长期默默地支持。感谢我挚爱的妻子克莱尔（Clare），感谢我三个古灵精怪的儿子哈利（Harry）、马克斯（Max）和弗雷迪（Freddie），他们有时候会提出质疑，这有助于保持本书内容的真实性和合理性。

序　言

欢迎阅读《整合领导力》一书，希望你能开卷有益，并享受阅读之乐。本书的写作历时几年，旨在反映我们生活于其中并引领的这个互联互通的世界。当今世界，技术、网络和社交媒体迅猛发展，客户能即时反馈意见，全球化的市场和网络零售使得地理位置变得无关紧要。在这个互联互通的世界里，我们需要一种能适应这些变化、能塑造灵活组织的新型领导力，具有这种领导力的组织能适应周围环境的复杂性和不确定性。在本书中，我将描述这种领导力及它所塑造的组织的样子。

我研究这一主题已有些年头了。在攻读博士学位期间，我将最初的研究与大型组织运作方式的变化相结合，反思了过去30年里出现的所有重要的领导力理论。在此基础上，我融汇了世界上最杰出的研究人员和领导者的真知灼见，得出了一个实用的综合框架。

"整合"一词指的是在数字时代蓬勃兴盛的领导力和组织类型。根据《牛津英语词典》的解释，该词的意思是"结合的、关联的、相关的"[1]，也指开放、善于接受、相互迁就、与他人保持一致以及具有分享和沟通的潜力。我相信，身为领导者的你每天都会在整合还是分化、开放还是封闭、赋权还是控制之间做出选择[2]。如果你本能地选择了整合，那么你会喜欢本书。

如何使用本书

本书介绍了许多公司的真实案例，包括它们推出的活动和反思的问题，阅读这些案例能给你带来启示。本书还提供了调查问卷和清单，你可以利用它们更好地了解你自身的状况。请把本书视为实战经验的总结、工作手册，你可以运用它审视你的领导风格，思考如何借鉴其内容为自己的事业助力。我建议你阅读本书时，用平板电脑或智能手机做些笔记，以便你将来在领导岗位上考虑问题并想高效地运用本书内容时参考它们。根据我的经验，大多数公司都在一定程度上具备本书所阐述的整合领导力的部分或全部因素，它们遇到的问题通常是，为了加速实现真正的整合，应聚焦于哪些因素。

我将在本书中描述整合公司、整合领导力的特征以及如何树立自己的整合领导风格。你之前可能已经阅读过一些提示和技巧了，在本书中看到它们时，你可以把它们视为对你的提醒。请记住，人无完人，而且，无论如何我都算不上一个完美的整合型领导者。本书中呈现的思想和建议源自我的研究（以及许多德高望重的其他人的研究）以及多年来我与世界上一些最出色的公司的合作经验。

我在本书中使用的某些术语的含义如下："同事"（colleague）一词指的是与你在同一公司工作的人，不只是指身份或地位与你相同的人（peers）。"公司"（company）、"企业"（business）和"组织"（organization）这几个词的所指相同，之所以使用不同的词语是因为，我意识到并非所有的读者都在商业环境中工作，但我希望他们能认识到这一点：本书的内容对商业企业适用，也对公共部门的组织和第三产业的组织适用。"领导者"（leaders）指的是影响他人的人，有的位高权重，有的则不然。在企业的各个层面都能看到领导者的身影，既包括对较差的服务质量提出质疑并促使同事提高服务标准的店员，也包括领导董事会的董事长或总裁。"管理者"（manager）一词指的是企业内管理团队及其成果的部门管理者，他们大多职务不高，而且很多人都奋战在一线或临近一线，比如商店、联络中心、办公室和生产线。

我经常会假定读者是组织内身处高位的领导者，若这一假设与你的实际情况相符，那就太好了。如果你还没有身居高位，那么请你根据自己的实际情况阅读本书，本书同样适用于团队或业务部门。

在第一章至第三章中，我阐述了整合领导力的含义，并结合我们所处的瞬息万变的环境，解释了将整合视为应对动荡环境的最佳方式的原因。我在第三章末尾给出了一份调查表，你可以利用它判断你组织目前的整合领导力状况。你可能会发现，与你的同事分享这份调查问卷是很有益的，因为这样你可以与更多的人讨论本书的主题。

在第四章至第九章中，我探讨了整合领导力的各个因素，并提供了将每个因素落到实处的提示和技巧。我在各章分析了各要素与领导力和组织的联系，这样，无论是从个人层面还是从整个企业层面来看，你都能得到有益的启示。阅读各章的案例研究，你可以了解其他组织是如何想方设法提高每个因素的效力的。

在第十章中，我讨论了如何带动组织中的人与你一起踏上整合之旅、如何制订计划以及如何以明智而协调的方式促进变革发生。在最后一章中，我将汇总所有因素，思考整合领导力更广泛的政治意义。

我希望你在阅读本书的过程中能获得有关整合领导力的新见解，能明确哪些因素会激发你想成为一名出色的领导者，这样你就能有的放矢地提高你和你所在企业的效力。若有任何反馈或见解，请随时告知我，我会在写下一部著作时借鉴它们。感谢你阅读本书，感谢你与我分享心得体会。祝你阅读愉快！

注释

1 *Oxford English Dictionary*, 7th edition（2012） Oxford：Oxford University Press.

2 Popper, K.R.（1945）*The Open Society and its Enemies*, Volumes 1 and 2, London：Routledge & Kegan Paul Ltd.

目　录

第一章　｜为什么要了解整合型领导力｜

01　旧模式正在失效　/ 003

02　新型领导力　/ 006

03　理解整合型领导力　/ 011

04　整合领导的主要好处　/ 018

05　案例研究——文华东方酒店集团的整合领导

　　/ 019

第二章　｜旧模式的终结｜

06　了解大趋势　/ 029

07　"新消费者"崛起　/ 031

08　开放和网络化社会的出现　/ 033

09　"千禧一代"步入职场　/ 037

10　总结　／040

第三章 ｜整合领导的挑战｜

11　重塑领导力　／047

12　领导者面临一系列复杂的挑战　／052

13　整合型组织是什么样的？　／056

14　领导力品牌　／065

15　整合型领导者是什么样的？　／068

16　案例研究——身先士卒的领导者　／074

17　后续步骤　／078

第四章 ｜目标和方向｜

18　重新开始　／087

19　为什么要确定方向和目标？　／088

20　树立明确的目标意识　／090

21　确定正确的方向　／093

22　领导者扮演的角色　／095

23　案例研究——渣打银行的整合领导力　／115

第五章 ┃践行价值观┃

24 重新界定和统一核心价值观　/ 125

25 重要的是什么？　/ 127

26 真诚型领导　/ 130

27 建设以价值观为导向的文化　/ 145

28 伦理型领导　/ 153

29 案例研究——玛莎百货的价值观和真诚性　/ 155

第六章 ┃整合关系┃

30 向外看　/ 164

31 建立开放和透明的关系　/ 166

32 客观公正地处理信息　/ 183

33 巩固重要的关系——自省问题　/ 190

第七章 ┃下放决策权┃

34 反思权力的平衡　/ 197

35 为何要下放决策权？　/ 199

36 组织层面的赋权　/ 203

37 领导者扮演的角色 ／213

38 案例研究——飒拉公司的决策权下放 ／223

第八章 ｜鼓励协作｜

39 打破壁垒 ／231

40 为什么协作很重要？ ／232

41 组织层面的协作 ／237

42 领导者扮演的角色 ／248

43 案例研究——贝宝公司的协作 ／256

第九章 ｜创建灵敏的组织｜

44 应对动荡不安的环境 ／265

45 创新：释放创业激情 ／270

46 建设学习型组织 ／274

47 颠覆性体验造就适应型领导者 ／280

48 理智地确定优先事项 ／283

49 案例研究——三通公司的灵敏性和客户至上的
文化 ／287

第十章 ｜带领员工一起前行｜

50 通过战略性动员建设整合型公司 ／297

51 动员所有的管理者参与 ／300

52 动员所有员工参与整合型公司的建设 ／302

53 就整合性进行高效的沟通 ／311

54 案例研究——直销店集团如何动员员工 ／315

第十一章 ｜后续步骤｜

55 反思 ／329

56 互联互通的社会 ／332

57 结论 ／338

第一章

为什么要了解整合型领导力

在当今复杂多变的环境中，成功的领导在于整合。整合型领导的出现标志着以层级化指挥控制为特征的旧领导模式向通过影响他人实施领导的新模式明显转变，这种新的领导模式依赖于组织内的有效沟通和联系，且沟通和联系以一致的假设和信念为基础。

当五个相互关联的因素发挥作用时，整合型领导力就会发挥出巨大的威力。这五个因素是：

◆目标和方向

◆真诚性

◆下放的决策权

◆协作性

◆灵敏性

01

旧模式正在失效

身为领导者的你可能觉得时间紧、压力重，还很沮丧。你是否看到组织里的人经常忙于各种项目，成效却不显著？新举措是否因官僚作风和责任不明确而推行不下去？其他人是否士气低落？是否噪声很多但成果很少？有时候，你是否想知道，客户至上的服务理念是否得到了贯彻？

你可能会发现，你的组织必须改变与客户打交道的方式，必须应对竞争、复杂性、监管和全球化的威胁。但是，如果推出的变革计划没有把组织内部的员工与团队真正地联系起来，那么再漂亮的计划也不会产生什么效果，因为完成变革工作的是员工和团队。

身处这种境地的人绝非你一个。许多高级管理人员都想弄清楚，如何在动荡、不确定和变化的环境中提高企业的灵敏性[1]。多个行业的声誉遭受侵蚀，包括银行和金融业、服务和零售业，而客户和同事都要求提高透明度、加强问责制，这也给许多高级管理人员带来了压力。在许多人看来，这些问题的根源在于全球金融危机引发的动荡、对相关企业和政府机构信任的丧失以及消费者的赋权。环球扫描

（GlobeScan）自 2001 年就开始研究公众对全球性公司的信任度，如图 1.1 所示，该机构最近的研究结果表明，这一指标已跌至最低点[2]。

社交网络的普及进一步加剧了这种趋势，公司的一举一动都会被全球各个角落的人看在眼里。客户希望他们的投诉和问题能即时得到处理，但依靠层级化的指挥控制模式很少能做到这一点。

如何解决这些问题呢？答案就在于我们这些领导者。我们要建立这样的组织：领导者言行一致；内部发生的事情与企业年报中记载的内容和企业对客户的承诺一致。我们要在组织内落实这一精神：鼓励每个人大大提高行动和应变速度，对不断变化的市场条件快速做出反应。

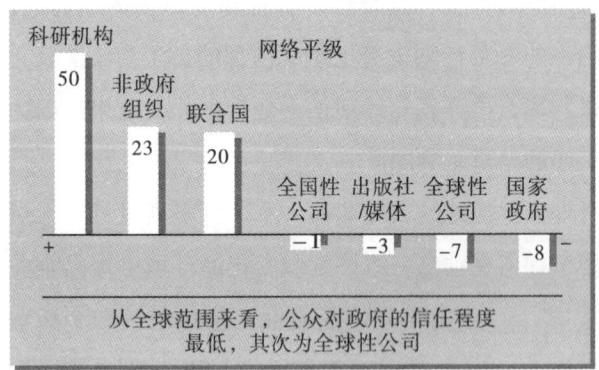

图 1.1　公众对公司的信任度处于低位

资料来源：www.globescan.com/news-and-analysis/blog/entry/trends-on-our-ra-dar-for-2015.html

今天的许多领导者都清楚他们需要做什么，依普索·莫瑞公司（Ipsos MORI）和西鲁斯公司（Cirrus）针对富时350（FTSE 350）组织的领导人开展的一项研究（于2015年公布）进一步证实了这一点[3]。该研究表明，有65%的受访者表示，他们优先考虑的是提高组织的灵敏性，有64%的受访者表示，他们优先考虑的是树立更强烈的共同方向感。

那么，你要从何处入手呢？今天，最成功的领导者根据目标、方向和价值观制订统一的议程，将组织内的人与战略目标和客户联系起来；他们下放决策权并鼓励建设协作和相互配合的文化；他们激发高度的授权和信任感，使每个人和团队都能最大限度地施展才华；他们通过推动学习型文化建设来提高灵敏性，这种文化能够促进创新，促使人们理智地确定优先事项。他们是整合型领导者——如图1.2所示。

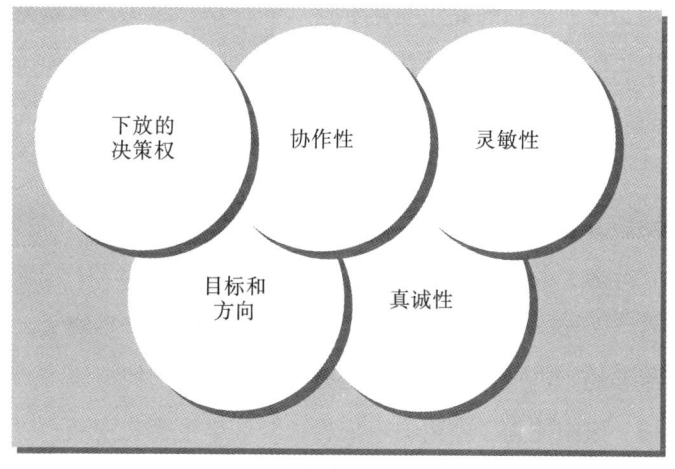

图 1.2　整合领导力框架

02
新型领导力

以前，人们在讨论领导力时，通常会提及具有独特个性的公司管理者，即所谓的"英雄式"领导者，他们被视为公司价值观和文化的代表，但现在情形已经改变了[4]，人们不再把成功的企业变革与卓越的领导者划等号了，比如苹果公司（Apple）已故的领导人史蒂夫·乔布斯（Steve Jobs）和通用电气公司（GE）的杰克·韦尔奇（Jack Welch）。这类领导者的言论和个性似乎对其企业的成功发挥了不可或缺的作用，他们得到的关注不亚于公司的产品。确实，影响力大的个人能够产生新能量并迸发新的目标感，然而，这种风格可能导致人们过于关注英雄式的领导者，从而激励其他人依靠个人魅力和个人吸引力来"挽救危局"。这种模式在一定时期内有效，但问题是，一旦这类领导者离职，组织内就会爆发分裂，英国零售企业特易购（Tesco）在其 CEO 特里·莱希（Terry Leahy）离职后就出现了这种情形。事实上，像苹果和通用电气这样的公司是另一番景象，它们把领导力打造成了组织能力，使组织不依靠顶级英雄生存和发展，以此确保领导的继任过程顺利完成[5]。

　　在过去的 15 年里，人们越来越认识到，领导的作用是为了实现集体的目标施加统一的影响，原因即在于此。严格的层级化领导模式无法使领导发挥这样的作用。正如我们在图 1.3 中看到的，全球范围内领先的研究已指明了这种趋势的转变。人们越来越意识到，共享式领导力为企业应对日益复杂和网络化的世界发挥了重要的作用。

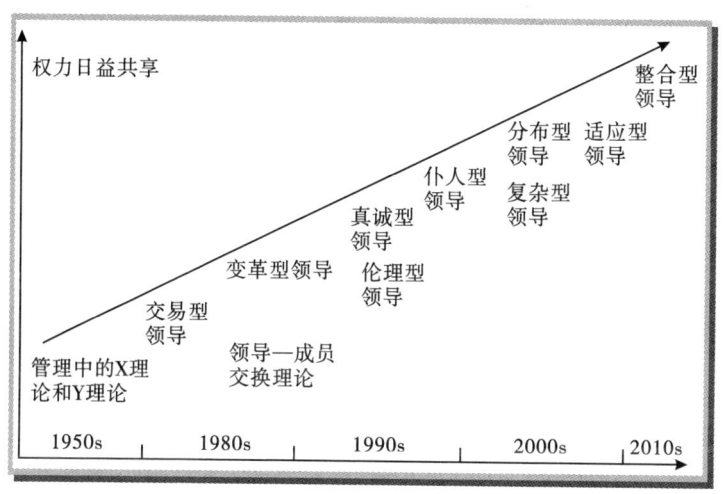

图 1.3　领导力理论的演变

　　20 世纪 50 年代，权力相对集中的领导力理论开始流行，20 世纪 80 年代和 90 年代，鼓舞人心的"英雄式领导"理论崛起，到了 21 世纪初，以真诚和仆人型领导为代表的"后英雄"领导理论出现。21 世纪初的分布型领导和复杂型领导理论将共享权力理论提升了一个层次[6]。我则创建了一个清楚易懂的模型，通过它，我们可以理解各种理论是如何演变的，以及为适应网络化、不可预测的环境，我们如何在不同理论之间取长补短。

早期影响力比较大的是道格拉斯·麦格雷戈（Douglas McGregor）于 1957 年提出的 X 理论和 Y 理论，该理论以管理者针对员工提出的两大假设为基础[7]。X 理论指出，管理者认为员工天生具有惰性，需严加监督，而 Y 理论则指出，管理者认为员工天生是自我激励、愿意担责的，因此需要激励和信任他们，以促使他们尽力而为。整合型领导理论与 Y 理论是一致的。

交易型领导理论关注的是过程和奖励如何影响员工的实际工作行为。1978 年，詹姆斯·麦格雷戈·伯恩斯（James MacGregor Burns）描述了领导人如何根据团队的绩效实施奖惩，以及在成员表现不佳时如何进行培训和管理[8]。当今的人力资源文化重视绩效管理就体现了企业对认可和奖励过程的重视。一些人质疑说，这种理论过于强调交易性了，它应该更加强调以最大化激励和绩效为目的的高质量对话。正如我们以后将要看到的，整合型领导力也重视对话，但它不强调回报和绩效之间的机械联系。

在 20 世纪 70 年代、80 年代和 90 年代，变革型领导理论变得流行起来[9]。这种理论强调的是激励他人做出卓越功绩的魅力型领导者[10]。这种理论很有价值，强调的是领导者设定和传达愿景以及关注和管理个人行为，从而使下属追随其引领。整合领导力理论响应了这些方面，但与之存在一个关键的区别：它对英雄式领导者的关注较少，它更关注的是共享的领导过程，认为这样做才能使组织实现真正可持续的成功。

同样，为了使我们认识到领导者和其团队成员之间的关系质量是何等重要，整合型领导理论也借鉴了 LMX 理论（领导—成员交换理论）的一些方面[11]。部门管理关系无疑对下属的参与度和主动性产生了重要影响，而且每一位基层管理者与组织目标、方向和价值观的关联越密切，企业的整合程度就越高。

真诚型[12]和伦理型领导理论[13]反映了 20 世纪 90 年代人们对价值观及行为的日益重视。整合型领导尤其倚重真诚型领导，因为要在工作实践中形成关联，就需要建立高质量的信任，而个人和群体的真诚是建立信任的先决条件。真诚型领导意味着，领导者需要具有高度的自我意识、强大的道德指南针，能不偏不倚地处理各种信息，建立公开和透明的关系（第五章详述）。仆人型领导也与整合型领导相一致，这反映了英雄式领导者向他人赋能者的转变[14]。

21 世纪的领导力研究质疑了个人救世主式的英雄领导模式，支持更为共享的领导方法。运用这类方法，人们能够在日常工作中领导组织内的其他人获得更高水平的整体绩效。分布型领导理论真实地描述了这种情形，这种领导模式指的是在能协调活动的统一框架内共同做出决策[15]。

复杂型领导理论进一步指出，在这个不可预测的世界中，我们需要创建能够适应不断变化的条件又能保留强大的核心流程的组织[16]。整合型领导理论对上述两种理论均有所借鉴，它是一种综合的领导力理论，以最出色的研究为基础，而且契合我们和消费者身处的这个网络化社会。它也借鉴了共享型领导理论，该理论强调团队领导和领导力的共享性。同时也借鉴了适应型领导理论，该理论强调，为了能在复杂的世界里蓬勃发展，我们需要系统性的变革领导力[17]。

　　整合领导也反映了服务利润链的很多思想。服务利润链是一种商业模式，人们对 20 世纪 80 年代的零售业绩效进行研究时提出了这种模式。它确认了盈利能力、客户忠诚度和员工满意度之间的关系[18]，也反映了最近研究中显示的客户体验和公司声誉之间的关系，以及领导者如何努力，既为同事也为客户的成功创造环境[19]。

03
理解整合型领导力

整合型组织的建设要从领导者开始，即首先要看领导者如何影响他人建立和维护各个层面的关键联系。领导者不能孤立地行事，我相信，他们必须与同事合作才能在保持强大核心体系的同时，在分布的权力之间保持微妙的平衡。如果每个人都对"何谓优秀"持统一的假设基础，那么他们就能为客户做出正确的决策，从而提高客户的忠诚度和拥护度。

在以社交媒体蓬勃发展和新闻即时传输为特征的世界里，客户体验经常被展示在全球舞台上，观众数以万计，这会放大关联的效果（无论效果好坏），例如，很多大型零售商在推特上拥有数百万粉丝，这意味着，一个客户在推特上的投诉可能瞬间被数百万其他客户知晓，并对他们产生影响。

在过去 20 年里，我研究了多家大型组织，也深入分析了有关领导效力的研究，在此基础上我确认了五个关键的因素，它们能够塑造适用于互联互通世界的领导力风格。将这五个因素相结合能够建立强大的联系，能使组织在瞬息万变的世界里实现目的和最终目标。

这五个因素分别是：

◆ 目标和方向
◆ 真诚性
◆ 下放的决策权
◆ 协作性
◆ 灵敏性

目标和方向

第一个因素，也是为其他因素奠定基础的因素，是目标和方向。当组织内的人对他们作为一个实体存在的原因有共同的理解、对他们努力实现的目标和战略有清晰的认识时，他们就会有一个共同的愿景，他们会在这一愿景的引领下团结一致，不断进取。身为领导者，你要帮助人们理解这一点，理解他们的角色与企业目标之间的联系。毕竟，通常情况下，人们都想知道自己所做的工作有什么价值和意义，自己是否在做能让自己引以为豪的事情。对于"千禧一代"人来说尤其如此，因为与老一代相比，例如"婴儿潮一代"，他们更重视工作的意义。

真诚性

行为符合一般的伦理标准、信任和尊重他人的领导者能使下属产生更强烈的奉献精神。不偏听偏信和决策公平的领导者更能吸引下属，并能鼓励他们在组织内形成高效、整合的关系。这一因素为人们提供了一个行为框架，可以引导他们以符合原则和道德的方式实现目标并坚持正确的方向。

前两个因素是组织"任务式指挥"的基础，给人们提供了一个优先事项框架。人们在这一框架内自由操作，同时又不会做出与总体目标和价值观不一致的行为[20]。请注意，语境很关键：这两个因素创造了有助于人们理解和接受你企业的特别之处的有利语境，而且你在确立和阐明这一框架时要反映你组织的特定市场和目标。

下放的决策权

权力在组织内共享时，许多决策会由更接近顾客的人做出，这会使客户和组织的利益最大化。重要的一点是，要明确由谁做出哪些决策，因此，尽管关键的战略决策可集中制定，但服务类决策要尽可能由接近客户的人做出。为了更好地下放决策权，你需要营造这样一种氛围：人们可以放心地去冒风险，无后顾之忧地为决策承担责任，无论结果如何，他们都觉得自己的所作所为会得到支持。

协作性

近年来，人们越来越重视高效的团队合作，这种方法比传统的指挥控制方法更能实现卓越的绩效。协作意味着团队之间和团队内部开展密切的合作，因此，这种端到端的流程效果很好。出色的团队开展工作时会互相交流和影响，团队成员之间会密切合作，奖励制度反映的是集体的而非个人的绩效。约翰·路易斯（John Lewis）和三通公司的奖励制度都以集体绩效为基础，它们能激励员工在实践中开展合作。

灵敏性

在日益不确定的世界里，组织的经营模式不能一成不变。灵敏性要求同事们适应不断变化的环境，分享学到的知识，在鼓励大胆尝试、不必担心受苛责和将学习视为创新和进步动力的文化氛围中工作。知识的自由流动促进了创新和改进，各个层次的人能做到人尽其才。

表 1.1 总结了上述五个因素。针对每一个因素，我列出了致使它成为当今商业界优先考虑的事项的主要企业动因、简单的定义和主要的理论来源，我也列出了领导者的主要职责和为了符合这一因素，领导者需展现的特征。我将在后面的章节中依次讨论每一个因素并详细阐述相关内容。

还有第六个因素。要想成功地转向整合型领导，组织还需要一个先决条件，即高层领导要"理解这一点"：为了打造整合型组织并产生积极的效果，他们必须率先垂范，坚定不移地致力于整合型领导。当组织内的人渴望做出转变、但得不到高层的坚定支持时，问题就会出现。

自下而上的改革非常困难。历史表明，国家层面的革命可能发生，各国领导方式的根本性变革可能从底层发生，例如20世纪80年代波兰和东欧其他国家发生的巨变。但从公司层面来看，公司治理很少要求领导者像政治家对选民那样对员工负责，因此自下而上的变革通常在公司里行不通。

表 1.1 整合领导力的五大因素

因素	企业动因	定义	理论研究源泉	领导者的角色	领导属性
目标和方向	战略的执行	人人都清楚他们在做什么，都清楚他们工作的意义	变革型领导理论[21]复杂型领导理论[22]	讲故事，帮助他人理解目标和方向	激励他人相信目标并遵从方向的指引意义建构及影响
真诚性	建立信任，提高公司信誉	以开放和透明的关系为基础、以价值观为导向的领导	真诚型领导理论[23]	以诚待人，协调各方，建立相互信任的关系	价值观驱动的行为客观公正的信息处理高情商高质量的关系

续表

因素	企业动因	定义	理论研究源泉	领导者的角色	领导属性
下放决策权	吸引同事和领导者参与，向他们赋权	决策由最接近客户的人做出	分布型领导理论[24]	分享权力，支持他人做出正确的决策	决策制定 提升能力 指导和沟通
协作性	提高速度和端对端流程的效率	作为一个团队，齐心协力实现共同的目标	分布型领导理论 共享型领导理论[25]	促使团队在整个过程中高效运转，做好工作	团队建设 利益相关者参与 多团队合作
灵敏性	应对复杂性的灵敏性和能力——完善客户体验	坚守目标和方向，不断完善自己，适应不断变化的环境	复杂型领导理论[26] 学习型组织理论[27]	在战略框架内鼓励学习、自我提升和适应	好奇心和洞察力 领导创新和变革 管理模糊性

整合型领导的表现

◆领导者传达明确的目标、方向和价值观，并激励他人相信目标并遵循方向的指引。

◆领导者待人坦诚，率先垂范，为实现组织目标尽心竭力。

◆领导者有强大的道德指南针，对自己的行为负责。

◆领导者情商高，自我意识强，能够动员、聚集和激发其他人的能量。

◆领导者乐于分享权力，决策由接近客户的人做出，这能确保决策与组织整体的战略和目标保持一致。

◆与非传统的指挥控制方式相比,领导者更重视协作和团队合作,他们认为后者是获得卓越绩效的好方法。

◆领导者鼓励同事们在组织的目标、方向和价值观基础上学习、试验和调整。

整合型领导的禁忌

◆领导者认为高层领导永远是对的。

◆领导者认为言比行更重要。

◆领导者认为,只要目标够雄心勃勃就能激励员工尽力而为。

◆领导者不认为培养能力和建设文化对打造真正的整合型组织很重要。

◆领导者大多数时候言行不一致——例如,宣称组织使命是"以客户为中心",但在困难时期削减客服预算,直接导致客户体验变差,这证明了组织使命的虚假性。

◆领导者过度控制,连鸡毛蒜皮的小事也不放过。

04

整合领导的主要好处

整合型领导既能带来有形的好处，也能带来无形的好处，前者指的是对绩效产生的影响，后者指的是创建一种能在市场上提供可持续优势的高性能文化。具体而言，其好处包括：

◆ 打造一个能够对不断变化的客户需求和竞争压力快速做出反应的灵敏型企业；

◆ 打造一个员工享有更多决策权的赋权型企业；

◆ 提高员工的敬业度，员工们会为了更宏大的事业自觉努力；

◆ 打造一个与客户联系紧密、能够生存和繁荣发展的学习型组织；

◆ 维持一个强大的统一框架，在这个易于理解的框架内，人人都知道该如何自由行事。

05
案例研究——文华东方酒店集团的整合领导

文华东方酒店集团（Mandarin Oriental Hotels Group）是一家屡获殊荣的企业，它经营着世界上最豪华的酒店、度假村和住宅，这些物业遍布世界各地。该集团的前身是创立于1963年的香港旗舰店文华酒店，其使命是尽力使客户感到高兴和满意。这家酒店刚开业时，其大楼是香港最高的建筑。酒店在开业后不久就因服务卓越而声名大噪，而且其大楼也成了具有历史意义的地标性建筑，至今仍是如此。

1974年，世界上最具传奇色彩的曼谷东方酒店被文华集团部分收购，自此，该集团拥有了两家旗舰店，一跃成为酒店业的翘楚，这两家著名的酒店联手打造了文华东方酒店集团这一品牌。

如今，该集团拥有12000名员工，是全球性的奢侈品公司，业务遍及全球的主要城市和度假胜地。其目标不是成为世界上最大的酒店集团，而是成为世人眼里最出色的豪华酒店。

整合型组织

从许多方面来看，文华东方酒店都表现出了整合型领导因素。企业确立了统一的操作方法和核心标准，给客人提供了卓越的体验。集团中心提供了极少数明确的方向性指引，与客户相关的决策则由各酒店负责制定。例如，一些酒店提供放松休闲的服务，而另一些则提供比较正式的服务。尽管营销活动归集团中心统一管理，但促销活动却由各酒店自行负责。每一家酒店的家具和菜品都极具当地特色。

总体而言，强大的集团中心监督整体的绩效，酒店经理们则根据核心的指导原则和强大的服务标准自主经营，中心和酒店经理之间实现了高效的平衡。

公司总部设在香港，领导团队或经营委员会每两三个月会聚集一堂，共商集团大事。其余时间他们会专注于各自的职能领域，例如食品、饮料或客房、质量等。首席执行官倪德祈（Edouard Ettedgui）坚定不移地致力于塑造品牌价值，他身先士卒，率先垂范，坚定地践行公司的愿景和使命。他与经营委员会密切配合，定期去酒店视察。虽然他非常了解日常经营的细节，但他关注的是整体的战略和愿景。在他人的眼里，他是一位敢于赋权的 CEO，他本人也认为应在组织内分享责任。

组织发展部负责人杰奎琳·莫伊斯（Jacqueline Moyse）

这样阐释集团中心和地方酒店之间的均衡："虽然中心做出的决策保持在最低水平，而且我们鼓励各酒店享有很多自主权，但它们确实是在一个非常明确的框架内经营的，这一框架包括明确的品牌发展方向和反映了公司精神的愿景和使命陈述。我们在指导日常运营的一系列原则中进一步强调了公司精神。例如，当我们开设一家新酒店时，我们会运用某些标准的经营政策和程序，但我们会让管理团队自主地在酒店提供出色的客户体验，我们很重视地方的感受。因此，当你入住我们的酒店时你会发现，尽管我们有一套核心标准，但各个酒店的差异很大。"

一些大型连锁酒店采用"千篇一律"的模式，文华东方酒店则不然，它鼓励创造、创新和行事灵敏，这与层级化的领导风格不相符。

学习和倾听的好处

文华东方招募的是能够适应形势变化的领导者和管理者。学习的灵敏性，即以现有的知识应对新挑战并迅速找到新解决方案的能力，备受重视。根据文华东方的使命和指导原则，每位新员工都要经过 90 天的入职培训。培训涵盖健康、安全和质量服务标准，而且它们都是业内的最高标准。杰奎琳说："我们的目的是让员工学习标准，但我们也鼓励他们展现出自己的个性。"该集团也会定期对各酒店履行组织使命和价值观的情况进行评估。

为了兑现其"尽力使客户感到高兴和满意"的承诺，文华东方持续地搜集客人的反馈意见。各个酒店的管理者每天都召开晨会，回顾前一天的各项活动，客户调查、员工反馈和神秘的采购活动都在讨论的范围之内，他们也会采取相应的行动。杰奎琳说："听起来好像管制很严格，但事实并非如此。我们给员工行动的自由，他们非常有创造力。集团还建有一个颇受欢迎、运转良好的内联网，各个酒店可通过它分享创意和最佳的做法。"

协作是每家酒店和整个集团的常规做法。正如杰奎琳所说，"除了在框架内下放决策权外，我们还努力建设高效的团队，努力实现财务、食品和饮料以及品牌推广部门的协调。我们确保每个部门都了解其他部门的同事所面临的挑战，这有助于我们提供卓越的客户服务。"

整合型领导者核验清单

1. 我们生活在后英雄时代，自我必须让位于对顾客最有利的方式。

2. 要让同事和客户获得始终如一、高标准的本地化体验。

3. 运用整合型领导力的五个因素可为创建整合型公司提供一个框架。

注释

1 Cirrus and Ipsos MORI(2015)'Leadership connections:how HR deals with C-suite leadership', **http://cirrus-connect. com/news/ipsos-mori-and-cirrus-launch-joint-research-project-6918#sthash.TEAIKQBu.dpuf**(accessed 6 June 2015).

2 www. globescan. com/news-and-analysis/blog/entry/trends-on-our-radar-for-2015.html(accessed January 2015).

3 Cirrus and Ipsos MORI,op.cit.

4 Badaracco,J.(2001)'We don't need another hero',*Harvard Business Review*, 79 (8), 120-126, **http://hbr. org/2001/09/we-dont-need-another-hero/ar/1**(accessed 1 August 2014).

5 Ulrich, D. and Smallwood, N. (2004) 'Capitalizing on capabilities',*Harvard Business Review*,June 2004,119-128.

6 Uhl-Bien,M.and Marion,R.(2001)'Leadership in complex organisations',*The Leadership Quarterly*,12(4),389-418.

7 McGregor,D.(1957)'The human side of enterprise',*The Management Review*,46(11),41-49.

8 Burns, J.M.(1978)*Leadership*,New York:Harper & Row.

9 Ibid.

10 Bass,B.M.(1985)*Leadership and Performance Beyond Expectations*,New York:Free Press.

11 Graen, G. and Uhl-Bien, M. (1995) ' Relationship-based approach to leadership: development of leader-member exchange (LMX) theory of leadership over 25 years: applying a multi-level multi-domain perspective' , *The Leadership Quarterly*, 6(2) , 219-247.

12 Avolio, B.J. and Gardner, W.L. (2005) ' Authentic leadership development: getting to the root of positive forms of leadership' , *The Leadership Quarterly*, 16(3) , 315-338.

13 Kanungo, R.N. (2001) ' Ethical values of transactional and trans-formational leaders ' , *Canadian Journal of Administrative Sciences*, 18(4) , 257-265.

14 Greenlead, R. K. and Spears, L. C. (2002) *Servant Leadership: A journey into the nature of legitimate power and greatness*, Costa Mesa, CA: Paulist Press.

15 Spillane, J. , Healey, K. , Parise, L. M. and Kenney, A. (2011) ' A dis-tributed perspective on leadership learning' , in Robertson, J. and Timperley, H. (eds.) *Leadership and Learning*, London: Sage.

16 Uhl-Bien and Marion, op.cit.

17 Pearce, C.J. and Conger, C. (2003) *Shared Leadership: Reframing the hows and whys of leadership*, California, CA: Sage.

18 Rucci, A. , Kirn, S. and Quinn, R. (1998) ' The employee-customer profit chain at Sears ' , *Harvard Business Review*, January-February, **http://hbr.org/1998/01/the-employee-customer-profit-chain-at-sears/ar/1**(accessed 11 September 2014).

19 Chun, R.and Davies, G. (2006) The influence of corporate char-
acter on customers and employees: exploring similarities and
difference', *Journal of the Academy of Marketing Science*, 34
(2) ,138-146.

20 Bungay, S. (2011) *The Art of Action*, Boston, MA: Nicholas
Brealey Publishing.

21 Bass, op.cit.

22 Uhl-Bien and Marion, op.cit.

23 Avolio and Gardner, op.cit.

24 Spillane *et al.*, op.cit.

25 Pearce and Conger, op.cit.

26 Uhl-Bien and Marion, op.cit.

27 Senge, P. (2002) ' The leader's new work-building learning
organisations', in Morey, D., Maybury, M.and Thuraisingham, B.
(eds.) *Knowledge Management: Classical and contemporary
works*, Cambridge, MA: MIT Press.

第二章

旧模式的终结

本章探讨了在现代技术推动下不断加剧的三大趋势，组织要适应这样的趋势并蓬勃发展，就需要展现出更为整合的新领导风格。这三大趋势是：

◆ "新消费者"的崛起；

◆ 网络化社会的出现；

◆ "千禧一代"长大成人及其对职场的影响。

06

了解大趋势

身为领导者，确保组织成功是你的分内之事，但世界正变得越来越复杂，市场正变得越来越难以预测，你面临的挑战也越来越多。在我们的许多客户看来，领导和管理企业、推动增长和保持正常绩效的传统方法正逐渐失效。从很大程度上看，出现这样的结果是因为，现在的战略性要求是多维的，包括需求的性质、选择的多样性、富裕程度和信息的可用性等，它们一起导致了力量的天平不可逆转地向市场倾斜。

驱动变化的关键因素是神速的技术进步：计算能力呈指数级增长态势，而且在"物联网"的推动下，这种能力被应用于我们生活的各个领域[1]。英特尔联合创始人戈登·摩尔（Gordon Moore）根据对 20 世纪 60 年代和 70 年代计算机运算能力的分析提出了摩尔定律（Moore's Law）。该定律指出，计算机的运算能力每两年翻一番，这意味着运算能力的变化速度是十分惊人的[2]。事实上，变化是指数级的，这意味着未来几年内我们经历的变化是我们目前无法想象的。我们人类根本不习惯这样惊人的环境变化，我们发现应对这样的环境变化很让人头疼。

这类变化的一个例子是，个人计算和企业计算都向云计算转变，改变了所有人使用软件的方式。在短短几年内，其他行业也发生了变化，比如优步（Uber）主导的出租车行业向移动预订和房屋租赁转变，爱彼迎（Airbnb）开辟了一个新的（通常是私人的）市场。

本章将探讨在现代技术推动下不断加剧的三大趋势，它们正在塑造当今的商业环境，正鼓励领导向更为整合的模式转变。这三大趋势是：

◆ "新消费者"的崛起；

◆ 网络化社会的出现；

◆ "千禧一代"成人及对职场的影响。

07

"新消费者"崛起

组织与客户之间的互动模式正在发生一场根本性的、也许是令人恐惧的革命:在技术进步和全球化的推动下,旧的商业模式在短时间内会遭到颠覆。这样的变化需要组织采取新行动,但令人吃惊的是,很少有组织在实践或理念层面上做出调整。

问题是,消费者不再像以前那样可预测了。尽管他们仍然想相信某些事情,但由于消息灵通,他们可能变得疑心更重和愤世嫉俗。许多人希望自己被视为独一无二的个体对待,但同时他们又渴望成为志趣相投的群体的一分子,无论是在现实世界还是在虚拟世界中皆如此。他们希望企业提供的是他们真正想要的东西,而且当他们需要时,企业就能向他们提供。与此同时,他们也希望企业在道德和环境方面表现良好。

消费者行为也无法再以始终如一的细分模型进行解释,他们在不同的时间或生命的不同阶段会做出不同的行为。消费者明显相互矛盾的行为使企业难以根据以往的购买模式或社会经济阶层做出规划。

消费者意识和知识激增的根源在于互联网的日益复杂精密和可访问性增强，这迫使公司去迎合消费者的意愿和需求，同时要与其既定的目标和方向保持一致。公司言行中的任何不一致都会马上影响绩效。

在《连线》（*Wired*）杂志刊登的一篇文章中，品牌咨询公司 People-Made 的负责人布鲁克·卡弗利（Brook Calverley）指出，最重要的是，人们现在谈起公司时，都会提到真诚感，比如在网络上销售鞋子和服装的公司扎珀斯（Zappos）。他说："这些公司之所以成功，是因为它们真正履行了对消费者的承诺。在考虑品牌和营销时，不要过多地把时间花在标志的外观上或者考虑你要传达的信息是什么，这些虽然也重要，但不如你的实际行动和你交付给客户的东西重要，而且你要确保你的行动和你交付的东西真实地反映了你的价值观。"[3]

08

开放和网络化社会的出现

计算机和社交网络的出现，以及由此产生的网络化社会，越来越多地成为公司和客户的联系渠道。我们现在的通讯比以往任何时候都更加联通和开放。20 世纪，电视进入了千家万户，电话无处不在。在过去的 15 年里，手机和网络改变了通信格局，使我们现在的沟通和联系达到了史无前例的水平。据瑞典公司爱立信（Ericsson）的报告，到 2020 年，世界上约三分之二的人会使用智能手机[4]。

近年来，由于社交网络的普及加速，组织内外的人员之间的信息传递更加迅速，我们可以随时随地通过 Skype 建立新联系，与脸书（Facebook）或领英（Linkedln）上的活跃用户探讨个人或专业问题。据说由此产生的信息超载会影响人们的认知，正如谷歌首席执行官埃里克·施密特（Eric Schmidt）所说："实际上，信息的快速传输影响了我们的认知，降低了我们学习和深入思考的能力。"

社交网络的迅猛发展也减少了组织对同事、客户或竞争对手做出反应的时间，并提高了组织的透明度。虽然公司的经营环境变得越来越复杂，但它对环境变化做出反应的时间却显著减少了。

　　社交媒体格局正在迅速发生变化，它们对人们生活的影响日益增加，这意味着，如果我们要引导并与喜欢社交媒体的人做生意，我们就必须接受社交媒体。我们的同事也是消费者，每个人都通过不同形式的社交媒体进行联系和交流、消费和做生意。他们直接或者通过相关联的方式寻求价值，例如通过品牌声誉、接触思想领袖和新社区等。索利斯（B. Solis）谈到了"倾听、学习、适应"的重要性[5]。企业想要谈论的内容与客户和同事想要谈论的内容之间往往存在差距，共同的价值位于二者之间的某个地方。人们常说，最出色的倾听者能造就最出色的交流者。通过认真倾听，我们可以不断学习和调整，不断改进我们与公司内外的人打交道的方式。

　　作为组织的领导者，重要的是，我们要了解技术导致的即时性、全球影响力和互动性的增加带来的影响，在消费者之间、消费者与公司之间以及公司与公司之间建立新的联系。这意味着，无论其他人是谁或在哪里，我们都能更好地了解他们的选择、决策和行为。因此，我们必须关注能提高速度和灵敏性的见解。

　　20 世纪 30 年代，法国哲学家亨利·柏格森（Henri Bergson）提出了更加"开放"的社会的思想[6]，在奥地利出生的英国哲学家卡尔·波普尔（Karl Popper）于 20 世纪 40 年代详细阐述了这一思想[7]。波普尔描述了封闭社会向开放和动态社会的转变。前一种社会的主导精神是遵从和尊重权威人士（通常是更为依赖或受控制的关系），后一种社会强调的是自由和独立、个人责任感和决策。

2012 年，时任美国国务卿的希拉里·克林顿（Hillary Clinton）在巴西召开的"开放政府合作伙伴"（Open Government Partnership）会议上表示，只有在开放的前提下，各国才可能更加安全与和平。她指出："美国确信，21 世纪国家之间最显著的分歧不是东方和西方的分歧，也不是宗教的分歧，而是开放社会和封闭社会之间的分歧。我们认为，那些不听取公众意见、摒弃开放思想和压制人民追求更大自由的政府会发现，建立一个安全的社会将会变得越来越困难。"[8]她坚决主张，尊重权利不是领导人的日常选择，而是他们执政的原因。

如果我们把政府换成组织，那么今天的企业领导者应该会对这一观点产生强烈的共鸣。社交媒体促进了信息在组织内外的人员和群体之间的开放传递。无处不在的平面网络远远超出了人为的限制，对那些有意维护其边界并对信息保密的守旧公司提出了挑战，因为这些网络不是按典型和传统的模式管理的。

这样的信息自由也为组织内外出现更分散、更复杂的领导风格提供了机会。成功的领导人会利用影响力和关系的构建确保组织行为的一致性，开放和透明的关系是信任和协作的基石。

哈佛大学访问学者帕维尔·科尔钦斯基（Pawel Korzynski）指出，由于所有管理人员将在几年内置身于网络环境中工作，领导者的职责将转变为"协调和促进各种网络协作"[9]。这种领导风格不同于建立在条条框框规则之上的严格层级制度，它更具参与性和协作性，更能利用影响力使组织中的人高效地学习和工作。

在线社交网络可被视为纯粹的复杂适应系统，因为很多社交网络都不以典型和传统的模式进行管理。近年来，许多人研究了系统如何在极度复杂的环境中繁荣发展的问题，也有许多人研究了复杂适应系统内有效的领导形式，这些研究有助于我们理解组织如何在不可预测的世界中发展变化。正是以这些研究为基础，我提出了整合领导力模型。网络的爆炸式增长增加了企业运用分布式领导和整合式领导模式的可能性。未来几年内，这类变化将会更加迅速、更加势不可当。

整合是一种数字领导技能

（关键的）技能是整合。数字化领导者青睐这样的技术（如应用程序、个性化和社交媒介）：能帮助企业在品牌与客户之间建立更深层次的联系，能为客户提供更有价值的体验。这样的联系也利于产品开发。

卡特林（Catlin）等[10]

09

"千禧一代"步入职场

千禧一代（出生于 20 世纪 80 年代初到 90 年代末）进入职场正在造成另一种文化转变，这将对领导力在工作实践中如何发挥作用产生深远影响。为了解高效的领导和企业的运营及其对社会的影响，咨询公司德勤（Deloitte）连续四年对 29 个国家的 8000 名千禧一代员工进行了调查[11]。有四分之三的员工认为，他们的组织关注的是自己的议程而不是促进社会的改善；只有不到三分之一（28%）的员工表示，他们目前所在的组织充分利用了他们的技能。

从优先事项来看，千禧一代认为，评价组织是否可被称为业内领导者时，员工待遇是最重要的考虑因素，接下来是组织对社会的整体影响、财务绩效、创造新产品或服务的记录，以及是否有明确、有意义的目标。

评价领导力时，千禧一代很少关注组织的经营范围或规模、公开的慈善活动或者高级管理人员的履历。整体来看，千禧一代认为企业的领导方式过于传统和内向了。尽管他们认为追求利润很重要，但他们也认为，企业在追求利润的同时要有目标感，要努力创造新产品或服务，最重要的是要考虑作为雇员或社会一分子的个人。

这呼应了顶级商学院欧洲工商管理学院（INSEAD）与新加坡教育智库海德基金会（HEAD Foundation）的合作研究成果［刊发于《哈佛商业评论》（*Harvard Business Review*）］。这两家机构合作开展的这项大规模研究分析了千禧一代的态度和行为在全球范围内的差异及其对雇主的启示[12]。当问及千禧一代管理/领导职务最具吸引力的因素是什么时，从全球范围来看，未来的高收益仍然是主要因素，但在非洲、西欧、中欧和东欧、拉丁美洲和北美洲等众多区域的受访者眼中，影响组织的机遇非常重要。在亚太地区的受访者眼中，收入潜力是最具吸引力的因素，这也是中欧和东欧受访者关注的关键因素。在中东受访者看来，决策权是主要因素。在拉丁美洲，千禧一代认为应对战略性挑战是关键因素。因此我们可以看出，影响千禧一代看待管理/领导角色的因素有很多，这意味着，在他们的职业发展中，他们不只看重权力和薪酬。

那么Z一代（出生于20世纪90年代中后期）又如何呢？这一代比千禧一代（也被称为Y一代）更年轻。任仕达（Randstad）和千禧品牌（Millennial Branding）联合完成的一项全球性研究显示，Z一代比千禧一代更具创业精神，更不看重金钱，更专注于面对面的交流[13]。尽管他们是在技术日新月异的环境中成长起来的，但他们中的大多数人喜欢通过即时通信和视频会议等途径进行面对面的交流。他们是在经济衰退期间成长起来的，他们似乎更现实而不是盲目乐观，这意味着他们在进入职场前做了充分的准备，他们更务实，更有能力取得成功。

有一半以上的 Z 一代和千禧一代表示，诚实是优秀领导人最重要的品质，接下来是"可靠的愿景"和良好的沟通技巧。随着我们越来越多地按较窄的年龄段区分不同的世代，领导者需要学会如何兼顾在同一职场工作的四五代人的偏好。

10
总结

不断提高的消费期望正在推动世界各地的公司进行变革。玛莎百货集团人力资源总监坦尼斯·道奇（Tanith Dodge）表示，客户的要求更高了，公司必须灵活应对，快速采取行动。由于互联网提供了更多的信息和选择，消费者行为更加变幻莫测了，这给那些根据传统的供需假设开展经营的组织带来了挑战。按照传统的供需假设，消费者行为容易预测，忠诚度很高。在我们身处的这个开放的网络化社会中，复杂程度越来越高，这需要公司具有一定程度的灵敏性和透明度，许多公司正为此而努力。另外，多世代（千禧一代和Z一代）员工寻求并期望具有一定程度的影响力，他们从一开始就比前几代更质疑传统的层级制度。

在计算机运算能力呈指数级增长态势及其对移动互联网、物联网和社交网络等领域的影响日益扩大的背景下，这些因素正在为企业创造一种难以按照传统思维和行为模式驾驭的环境。

我与许多组织的 CEO 交流时，常听他们说，我们生活在 VUCA①世界中，即我们身处于动荡、不确定、复杂和模糊的世界中。美国军方最先使用"VUCA"一词，现在人们用它来描述以一种更灵活、更关联和更开放的方式来思考问题，而不是总像过去那样使用相同的方法，并对新的工作方式持开放态度[14]。一位 CEO 表示，他喜欢让整个企业的人以不同的方式进行思考，而且随着企业变得越来越国际化和复杂化，他乐于接受变革和能实现增长的新方法。这与本章前述的复杂型领导密切相关。这个互联互通、有时显得混乱和不可预测的世界需要新的领导思路。

整合型领导者核验清单

1. 技术正推动客户和同事的思维和行为方式发生变化，变化速度之快使得提高灵敏性成为许多组织的优先考虑的事项。

2. 灵敏性源于下放决策权、创造高水平的协作以及建设学习型文化。

3. 在高速变化的环境中，不能指望领导者通晓一切，无所不精：领导者该放手时就要放手。

---

① VUCA 是英文词"动荡、不确定、复杂、模糊（volatility，uncertainty，complexity，ambiguity）"首字母的缩写。——译者注

注释

1 Vermesan, O. and Friess, P. (2014) *Internet of Things: converging technologies for smart environments and integrated ecosystems*, Denmark: River Publishers, pp.8–9.

2 Moore, G.E. (2006) ' Chapter 7: Moore's law at 40', in Brock, D. (ed.) *Understanding Moore's Law: Four decades of innovation*, Philadelphia, PA: Chemical Heritage Foundation.

3 Clark, L. (2013) ' Tech-savvy customers don't care about your logo, they care about what you do', *Wired*, 20 September, **www.wired.co.uk/news/archive/2013-09/20/brook-calverley-branding** (accessed 15 June 2015).

4 ' Ericsson Mobility Report' (2015) June, page 3, **www.ericsson.com/mobility-report.**

5 Solis, B. (2008) The Conversation Prism, **https://conversation-prism.com/** (accessed 15 June 2015).

6 Lawlor, L. and Moulard, V. (2013) ' Henri Bergson', *The Stanford Encyclopedia of Philosophy* (Winter Edition), **http://plato.stanford.edu/archives/win2013/entries/bergson.**

7 Popper, K.R. (1945) *The Open Society and its Enemies, Volumes* 1 *and* 2, Oxford: Routledge & Kegan Paul Ltd.

8 Dudman, J. (2012) ' Open or closed society is key dividing line of

21st century, says Hillary Clinton', *The Guardian*, 17 April, **www. theguardian. com/technology/2012/apr/17/open-closed-society-hillary-clinton**(accessed 15 June 2015).

9 Korzynski, P. (2013)' Online social networks and leadership: implications of a new online working environment for leadership', *International Journal of Manpower*, 34(8), 975–994.

10 Catlin, T., Scanlan, J. and Willmott, P. (2015)' Raising your digital quotient', *McKinsey Quarterly*, June, 6.

11 Deloitte(2015)' The Deloitte Millennial Survey 2015: Mind the gaps', **www2. deloitte. com/global/en/pages/about-deloitte/articles/millennialsurvey.html**(accessed 15 June 2015).

12 Universum, INSEAD and HEAD Foundation(2014)' Millennials, a six-part series: understanding a misunderstood generation', **http://universumglobal. com/millennials/**(accessed 15 June 2015).

13 Millennial Branding and Randstad(2014)' Millennial Branding and Randstad US release first worldwide study comparing Gen Y and Gen Z workplace expectations', **www.millennialbrand-ing. com/2014/geny-genz-global-workplace-expecta-tions-study**(accessed 15 June 2015).

14 Stiehm, J. and Townsend, N. (2002) *The U.S. Army War College: Military education in a democracy*, Philadelphia, PA: Temple University Press.

第三章

整合领导的挑战

本书第一章介绍了整合领导力的五个因素，把这些因素相结合有助于建立整合型组织。在本章中，我们将通过下列框架详述它们：

◆整合型组织是什么样的？

◆领导者如何建立整合型组织？

最后附上整合型公司的调查问卷，通过它，你可以更清楚地了解组织目前所处的位置与其应有的位置之间的差距，并为弥合差距做好规划。

11

重塑领导力

如前一章所述，当今的组织面临着众多令人畏惧的挑战，这些挑战不只限于一个市场、一个区域和一个行业。其中的许多挑战是由于技术创新和能力的指数级增长引起的，但有些挑战源于全球金融危机导致的动荡以及人们对相关公司和政府机构丧失信任和消费者增权。

组织如何应对这些挑战呢？许多人希望能建立一种特别的文化，在这种文化中，组织能有机地、整合地适应变化和工作。他们正寻求运用一种更为整合的模式，这种模式贯彻的是下放决策权和协作的精神，能使组织快速调整，及时应对变化的条件。与几十年来流行的那种高层发布命令的层级模式不同，这种模式的运转更加流畅，与之相伴的是高度协调的活动和本地化的服务交付。

不论是从提供的产品和服务的质量来看，还是从客户对组织信誉的感知来看，这种模式的新兴领导风格更符合客户的高期望。当企业声誉受丑闻影响时，重建信任更需要运用这种领导风格。它也能鼓励员工适应市场并从中学习、更深入地了解客户的期望，同时保持对组织核心使命的追求。从根本上说，它事关领导力的重塑，是要从视领导者为英雄加以崇拜的文化转变为新的后英雄文化，这更契合社会对价值观、民主和信息透明度的重视。

何谓优秀的 CEO？

优秀的 CEO 不只是为了产生较高的投资绩效。领导公司和创造价值要靠许多难以衡量的技能，包括制定战略愿景、长期规划，保持真诚等。投资者当然不是唯一需要在乎的利益相关者；最出色的公司会与顾客、员工及其所在的社区建立高效的联系。

伊格内修斯（Ignatius）[1]

公司建立这种模式需要完成巨大的转变，但是，有条不紊地持续推进，让全组织的人参与进来，公司能够实现这种转变，本书中提供的一些案例已证明了这一点。要实现这种转变，需要先了解第一章提及的整合领导力的五个因素，如图 3.1 所示。

下面依次阐述每一个因素的含义及它们在实践中如何发挥作用。

◆ **目标和方向**能使你产生清晰度和信念，这样你的同事会愿意做手头的工作，并领悟其价值。目标指的是组织更高层次的情感或道德使命，它回答的问题是：组织为什么要存在？它对世界的独特贡献是什么？方向指的是组织的长期愿景，它回答的问题是：组织想实现什么目标？为此要实施什么战略和策略？渣打银行

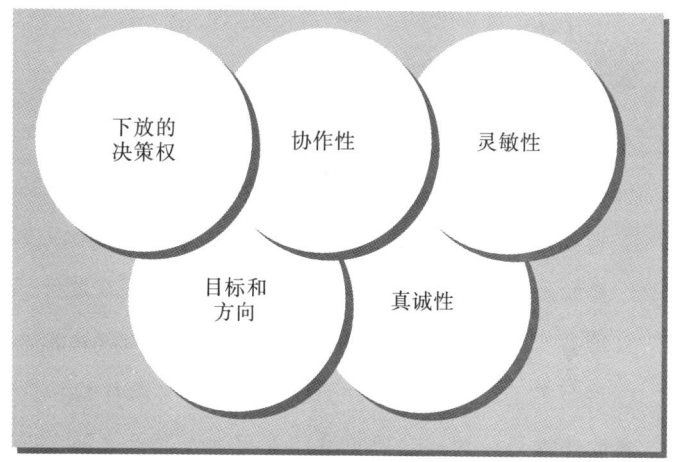

图 3.1 整合领导力框架

(Standard Chartered Bank)的目标是"一心做好,始终如一",这是一个负责任的、反映了其长期思维的表述。该银行的方向是成为领先的国际银行,要实现这一目标,该银行需要在客户联系方面多下工夫,而且要提高其网络效率和功效。

◆**真诚性**能使你始终以价值观为基础进行领导并建立信任,要做到这一点,需要组织的领导者和下属之间保持开放和透明的关系。例如维护关系就是英国零售商玛莎百货的价值准则之一。其领导者努力与同事、客户、供应商和其他利益相关者保持良好的关系,部分是通过其"A计划"可持续发展项目,部分是通过日常的互动,其目标是成为一家值得人们信赖、可持续发展的企业。

◆ **下放决策权**能确保决策尽可能由接近客户的人做出，能确保员工的参与。在西班牙零售业品牌飒拉（Zara）的母公司 Inditex 集团，店铺经理及其团队根据客户的实际购买情况确定订购哪些商品，而且更重要的是，他们会根据客户的购买情况决定不订购哪些商品。每天晚上，他们都会审核销售情况以及客户试用和不予考虑的商品，并结合当地的需求订购。

◆ **协作性**能使你通过团队协作获得共享的结果，例如端对端流程效率和灵活性的提高。英国奥运会代表队就强调，运动员和不同项目的团队之间要互相学习与交流，这是英国代表队在 2012 年伦敦奥运会上赢得 29 枚金牌、取得骄人战绩的关键因素之一。

◆ **灵敏性**能使你在组织目标和方向的指引下，建设一种持续改进和适应不断变化的客户趋势和竞争对手的活动的文化，从容应对变幻莫测的环境。一个出色的例子是英国移动运营商三通公司，该公司另辟蹊径，于 2014 年建立了挑战市场规范的强大文化，取消了国际漫游费，这一举措导致公司的客户评价大大提高。

这一系列因素的整合性要非常强大才能产生持续、可靠的效力。整合性依赖于组织内部人士之间的高度信任：相信每个人和每个团队都能发挥好自己的作用，相信他们有明确的、共同的目标感，相信他们很清楚整个企业优先考虑的事项，并在此基础上做对企业最有利的事情。

12

领导者面临一系列复杂的挑战

　　21 世纪初爆发了一代人记忆中持续时间最长的经济衰退，这导致人们对许多行业的信任度降低。世界各地的组织都发现，它们要应对不断变化的客户需求，身处一个不可预测的世界。2015 年初，依普索·莫瑞公司和西鲁斯公司[2]决定深入研究这次金融动荡产生的后续影响，以便摸清下列问题：

◆ 此次经济衰退是否改变了职场的性质？如果是这样，我们应该怎么办？

◆ 我们是回到了 2008 年之前的状态，还是有了新常态？

◆ 为应对新的局面，企业领导者（本研究中特指英国公司的）应聚焦于哪些方面？

　　研究人员与英国最具影响力的高级领导者、人力资源和商业人士进行了交流。依普索·莫瑞公司的研究人员对 100 多个行业进行了调查，而西鲁斯公司的研究人员则对很多行业的资深人力资源和商业人士进行了调查。

　　他们的一大发现是，英国企业的领导者对短期效益主义的风险保持警惕，受访者常提及的一点是，企业要为了实现可持续增长做长远打算。然而，若长期增长是领导者的驱动力，那么一个关键的问题是：他们怎样才能带领组织实现这一目标呢？

如图3.2-3.4所示，上述五个因素似乎分属于商业领导人的三个优先等级。如图3.2所示，几乎有三分之二的领导者认为，最优先考虑的事项是确保公司的灵敏性和公司具有共同的目标和方向感。

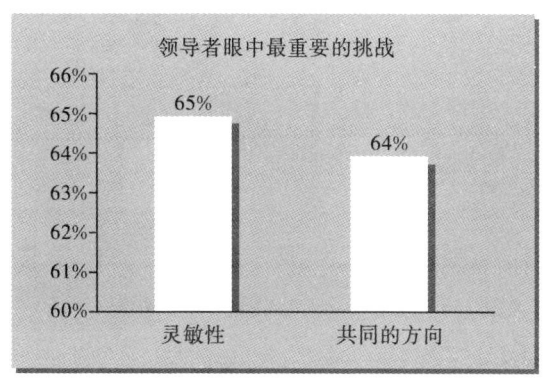

图3.2 企业领导人最重视的优先事项

来源：http://cirrus-connect.com/news/ipsos-mori-and-cirus-launch-joint-research-project-6918#sthash.TEAIKQBu.dpuf

我们在第二章讨论过，世界正变得日益复杂，从这一点来看，出现上述结果并不奇怪，这表明企业领导者希望提高能力以应对瞬息万变的环境，同时保持整个组织行动的一致性。

如图3.3所示，下一级别的优先事项是协作和确立共同的价值观，有超过二分之一的受访者持这样的观点。这表明，领导者们认识到了员工在团队和工作过程中精诚协作的重要性，以及制定明确的行为准则为协作提供支持的重要性。唯有如此，企业才能在变幻莫测的市场环境中保持灵敏性和战略灵活性。

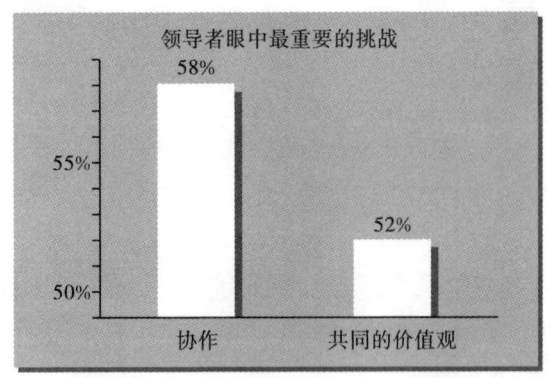

图 3.3　企业领导人眼中下一级别的优先事项

来　源：http://cirrus-connect.com//news/ipsos-mori-and-cirus-launch-joint-research-project-6918#sthash.TEAIKQBu.dpuf

然而，如图 3.4 所示，仅有 17% 的领导人认为共享或者下放决策权是他们优先考虑的事项，这或许让人有些惊讶。这表明高层领导者没有看到共享或下放决策权的必要性，但它是提高灵敏性的重要先决条件，也是提高协作水平的支撑条件。如果公司建立了赋权的文化，人们有信心、有能力承担更多的决策责任，那么公司对客户需求和竞争的本地响应能力就会提高。因此，要让高层管理人员了解下放决策权的价值，了解其对提高组织灵敏性的重要性。

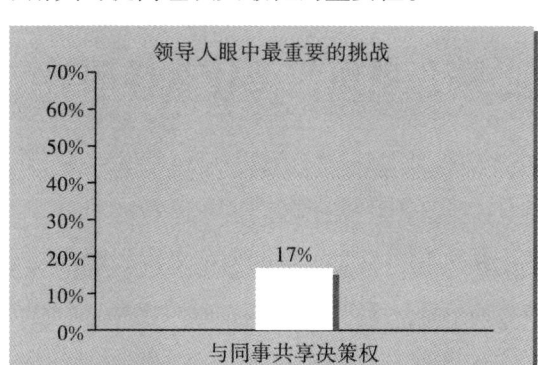

图 3.4 企业领导人眼中优先级别最低的事项

来 源： http：//cirrus-connect. com/news/ipsos-mori-and-cirus-launch-joint-research-project-6918#sthash. TEAIKQBu. dpuf

接下来我们从组织和领导层面进一步探讨整合领导力的五大因素。

13

整合型组织是什么样的？

当我们从创建整合型组织的角度来审视整合领导力的因素时，我希望你能从中明确自己公司的优势（你可借助的）和差距（需要弥补）在哪里。

1. 目标和方向

整合型组织的目标和方向具有如下特征：

◆对组织存在的原因有统一的认识；

◆对组织正努力实现的目标有清晰的认识；

◆总体战略为组织各个层次的员工提供了一致的行动参数；

◆每个人的目标与组织的战略目标相一致。

方向事关组织的走向，指的是未来的愿景和实现愿景的策略，包括规划、预算、优先事项的设定、资源的配置等。目标不同于方向，它回答的是"为什么"的问题，而方向回答的是"是什么"和"去哪里"的问题。它涉及的问题是：

◆我们的工作为什么重要和有意义？

◆为什么我们不只为了给股东创造财务回报?

◆对所有利益相关者而言,企业的社会目标是什么?

◆我们正努力实现的目标以及我们的发展方向与我们的目标是否一致?

◆我们是否让每个人有创造更高价值的感觉,而不是只为了一份薪水在工作?

还可以用另一种方法确定目标和方向的差异。一家组织决心在 2020 年成为市场内排名第一的企业,它为此制定了明确的战略,但企业员工不清楚这一目标的重要性。此时,企业就应该通过所谓的组织叙述,即通过组织讲述自己的故事,来阐明其目标的重要性。故事必须能引起强烈的共鸣,这样才能使员工致力于实现共同的愿景(无论其被称为使命陈述还是其他可以解释公司存在之原因的词语)。

例如,理查德·布兰森斯维珍集团(Richard Bransons Virgin Group)早期的目标是确认已存在供应商的市场,比如音乐和航空业,并代表客户改变规则进而重塑这些市场。这使员工产生了强烈的目标感,他们认同这一目标,觉得它很有意义。其战略方向以改善客户体验为焦点,使客户感知到价值的增加并想成为回头客。战略方向与维珍品牌所代表的更高层次的目标完全一致。

2. 真诚性

整合型组织的真诚性具有如下特征：

◆各个层次的管理者与所有同事都建立了开放和信任的
  关系；
◆管理者和下属均具有强烈的自我意识和高情商；
◆管理者不偏听偏信（对目前发生的一切有清醒的认
  识），行事公正，并鼓励他人也这样做；
◆管理者和同事总是为了整个组织的最大利益行事。

目标和方向是相辅相成的，它们事关组织所做的事情及
其重要性，它们界定并强调了组织所作所为的意义，这反过
来会让组织的员工树立这样的统一意识：他们正在做有价
值、有意义的事情。整合领导力的第二个因素真诚性更多地
与企业如何运营有关，包括高层领导者的性格、他们做出决
策时依据的原则和他们促进公开和透明的关系的程度所反映
出的价值观、文化和规范基础。

明确真诚性的含义很重要，也很有益。除非你能与整个
企业的人进行高效的沟通，使他们理解你分享的价值观、你
所珍视的行为或者不想看到的行为，否则同事们就没有参考
依据。我合作过的一家企业的 CEO 在两年之内裁掉了两名
高管成员，原因是他们没有贯彻组织的价值观。尽管这位

CEO一再提出质疑,但那两位高管仍我行无素,行事时奉行道德实用主义原则,这让CEO忍无可忍。这位CEO的举动对企业其他人传递出的信号很明确,那就是:我们对价值观非常重视,价值观问题没有讨价还价的余地,即使你在其他方面表现良好也是如此。

若高层领导和组织传达的价值观没有在实践中得到落实,没有体现在领导者的决策、绩效管理、人事晋升等日常事务中,那么这就说明领导者言行不一致[3],这不利于同事之间的信任。在我打过交道的许多企业里,高层领导之间缺乏信任。如果人们听到的是一回事,看到的是另一回事,那么他们就不会再相信领导说的话或其意图了。员工信任高层领导的组织给股东带来的回报比缺乏信任的组织高出42%[4]。信任至关重要,它是高效的分布型领导的基石。

因此,开放、透明和信任的关系是成功的整合型组织的基本推动力。当这样的关系存在时,领导者可以授权他人做出决策并推动各项工作顺利开展,而其他人则会放心、自信地行使权力并承担相关风险。

3. 下放决策权

整合型组织下放决策权时具有如下特征:

◆面向服务的决策要由尽可能接近客户的人做出;

◆只有关键的战略性决策才由中央做出；

◆本地决策要依据组织的总体参数并根据对本地情况的最佳反应做出；

◆提供统一的管理信息以支持联合决策。

下放决策权是指，根据每个层级做出力所能及的决策这一原则，在整个组织内分享权力。例如，在许多公司，董事会是唯一能够就资源配置、文化、优先考虑的市场等问题做出长期战略决策的部门。如果董事会成员专注于这些事务，而让手下的团队做出其他决策，那么他们就能为企业提供清晰的战略指引，为其他人做决策和高效运营提供明确的框架性指导。这样，人们可以灵活而自由地开展工作并做出有利于客户的决策，而且他们相信，他们所做的一切都符合公司的目标、方向和价值观。

但人们要清楚哪些决策最适合他们做出，他们还需要获得决策所需的信息，了解他们的决策对组织其他部门和更广泛的利益相关者（从客户到监管机构）产生的影响。

依普索·莫瑞公司和西鲁斯公司在 2015 年初完成的一项研究中指出，CEO 们对这一因素的关注程度最低[5]，这可能是因高级领导者的本能所致，因为他们会为了确保得到"正确的"结果而寻求和施加高度的控制。在这样的组织里，决策虽合规，却不太明智，而且当决策权在上级手里时，人们对决策的贯彻可能不会很到位，因为决策不是由他们做出的，他们的自信心也会因此而降低。

　　向更为赋权的环境转变不只需要下放决策权并希望这一举措起作用，还需要高层领导的持续支持和指导，只有这样才能培养团队做出和执行明智决策的技能和判断力。高级管理者还要提供简洁的高质量管理信息和见解，以便初级管理者根据特定的情况对最佳行动方案做出合理的判断。高层管理者还要定期给予反馈信息，以便初级管理者获得新的见解，调整判断，了解和管理风险。

　　如果赋权发生在高级和初级人员之间，且后者获得了更多的决策权、培养了明智地运用决策权的能力，那么这样的赋权会提高初级人员的信心，提高他们的决策和执行力，也为他们扮演更高级别的角色奠定了基础。

　　当组织的"脊柱"强大时，即组织的愿景、目标、价值观和战略明确、一致，而且企业的所有人都理解它们，最佳结果就会出现。此时，领导力是分散的，人们做事有明确的参照标准，他们往往会做对企业最有利的事情，而且能得到上司的支持。为这一切奠定基础的是组织文化，组织文化要重学习而轻苛责，重客户而轻内部事务，重简单而轻繁文缛节。

4. 协作性

　　整合型组织的协作性具有以下特征：

◆高绩效的团队合作是常态；

◆组织内存在强大的跨职能工作方法并相互影响；

◆根据集体功绩而非个人绩效确定薪酬结构；

◆开放和目的明确的对话占主导地位。

建设高效的协作型团队越来越被视为企业创新和保持灵敏性的源泉。团队协作精神可在很多层面发挥效力。

◆从最高层面来讲，如果董事会成员或高层领导团队能够相互信任，相互支持，开展协作，不过于重视自我，那么他们将为企业其他层面的人做出表率，促使其他人重视协作。

◆从整个企业来看，如果跨职能和跨业务单元的团队协作能为客户带来最佳结果，那么端对端的流程往往会高效地运转。

◆就外部关系层面来看，如果供应商、工会和其他利益相关者倍受尊重，都能对质量和效率标准提出质疑，那么，组织的运作效率将提高，供应商的供应会更灵活，组织必定从中受益。

团队的协作要靠行为准则来保障，这些行为准则明确规定了优先事项、可接受和不可接受的行为原则，以及组织想要实现的目标和每个人、每个团队扮演的角色。薪酬结构也很重要，它要能促使人们做出符合客户最大利益而非个人目标的行为，同时抑制人们做出不协作的行为。

团队内部和团队之间开展高效协作的一个重要基础是,组织内的每个人都对组织的目标和方向有深刻的理解。他们会经常扪心自问:"我怎样才能为实现总体目标贡献一份力量?"人们在考虑整个企业的更广泛的利益基础上,参考目标和方向框架,确认协作的重点。

5. 灵敏性

灵敏性不仅指短期内对威胁做出反应的能力,也指长期内在高度复杂和不确定的世界里识别新出现的威胁和挑战、快速做出反应的能力。

整合型组织的灵敏性具有如下特征:

◆ 所有团队不断努力提升自我,专注于为客户提供最佳的体验;

◆ 组织文化支持无责尝试;

◆ 为促进组织创新和进步,知识在组织内共享;

◆ 一视同仁地对待各个层次的员工,员工能人尽其才。

关键的一点是,这类组织的员工不必事事上报并等待回复。如果每个人都知道客户体验应是什么样的,以及客户体验为什么重要,他们就能根据本地的情况进行调整,代表企业做出正确的决策。这也是企业里的所有人对企业的方向、目标和价值观有深刻而清晰的理解如此重要的原因,因为这可以让他们在公司框架内（自由框架）高度自由地操作。这反过来鼓励人们对销售、对每一位客户的体验和长期忠诚度勇于承担更大的责任，同时也提高了他们的积极性和自主性。

这些特征也使企业具备了快速变革的能力，企业能以开放而非抗拒的心态采用新的经营方式。这种适应性在 VUCA 环境中越来越重要。

14

领导力品牌

要建设一家整合型公司，在整个企业培养领导能力非常重要。在后英雄领导时代，培养个体领导者并希望他们能联合起来是远远不够的。尤里奇（Ulrich）和斯莫尔伍德（Smallwood）[6]在2007年的《哈佛商业评论》上发表了一篇文章，我建议你运用他们在这篇文章中提出的领导力品牌概念。你可以运用这一概念确认客户眼中你与众不同、声誉良好的领导力属性。要打造你的领导力品牌，首先你要明白，"为了给客户创造价值，领导者如何把员工行为与客户的需求联系起来"[7]。显然，有一些基本的领导力属性是所有管理者和领导者都应具备的，你要招募相关人才并在组织内加以培养。尤里奇和斯莫尔伍德认为，战略制定和执行、人才管理和培养以及个人熟练度是"领导力基础"的关键要素。

但是，除此之外，如果你能专注于那些推动本企业成功的特定属性（与你的总体目标、方向和价值观一致），那么你将在这些方面积聚更多的能量，也更有可能在这些方面赢得好名声。例如英国移动运营商三通公司希望提高其在移动通信领域的声誉，因此培养了开拓性极强的领导者，寻找机会重塑移动通信领域内使客户满意以及"做对事情"的方法。

在界定领导力品牌时，整合领导力可为你提供一系列可运用的能力。它为你在复杂的网络化社会中从事领导工作提供了蓝图，它本身就是内涵丰富的综合性概念，但你也可以根据特殊的声誉和客户价值调整它，这可能需要强调某些特定的因素或者为呼应你特定的战略意图做出某些修订。无论哪种方式，整合领导力是对截止到 21 世纪的有关领导力和如何将领导力建设为组织能力的主要研究的综合[8]，因此，忽略了任何因素，它都是不完整的。所以你可以确定你的领导力品牌，并以最适合你品牌的方式运用整合领导力的所有因素，这样你就能做到有的放矢，把重点放在最适合你实施差异化战略的地方。

根据我的经验，界定领导力品牌的最佳方式主要是开展研究，可辅以对话和专家的品牌推广。研究的对象应该包括企业的战略性文件资料，例如与下列事项有关的文件资料：企业规划、价值观和品牌承诺、高级管理人员的面试、采访、企业内各个利益相关者群体，如同事、工会和投资者的访谈、焦点小组、有关客户珍视的内容以及他们与你做生意时最珍视什么。如果你能通过社交媒体开展研究，使整个公司的人就什么样的领导堪称卓越（对企业和客户而言）这一问题展开辩论那就太棒了。

对话的主要目标应当是理解所有的数据，并从中获知，在你最珍视的客户眼里，你的与众不同之处在哪里，进而确定你为组织建设领导力这一核心能力时应聚焦的主题。你不能把调查数据视为既定的，要把它们视为程序的输入，你要从中得出关键的见解，进而确定领导力品牌的最佳着力点。你可能需要重复几次才能得到所有主要利益相关方的支持，但为了获得理想的结果，这么做是值得的。

　　一旦明确了主题，你就可以把它们精心打造成一个令人难以忘怀、引人注目并且与公司的文化和风格相契合的品牌形象。首先，它要简单，要与企业的所有领导者相关联，而且要适当地包含整合领导力的要素。与任何品牌创建活动一样，领导力品牌的定义和设计很重要。但是，只有在它扎根于目标受众的内心和头脑里时，你才能从中获益。因此，要把它传达到公司的各个领导层，让他们了解它，这对它发挥价值很关键。这意味着领导力品牌要成为领导筛选标准、开发计划、绩效管理和继任计划的关键参考。通过这种方式，你会把公司内与领导者筛选有关的决策与你想要实现的客户声誉联系起来，结果是，领导方法会出现理想的变化，对领导者的选拔和培养更合理，领导者对重要的事项有统一的认识。做得好的话，这可能会给你的领导班子带来统一的体验。

15

整合型领导者是什么样的?

1. 目标和方向

整合型领导者在目标和方向方面表现出来的特征包括:

◆ **善于讲故事**:领导者知道如何真诚、高效地讲述组织的故事。他们清楚在沟通中把员工和战略联系起来的威力和影响。他们会向周围的人赋能,以此使战略显得切实可行和有意义,进而在员工和战略之间建立联系。他们能理解每个人如何为实现企业的总体目标、如何推动企业沿着既定的方向前进做贡献。

◆ **动员员工参与**:领导者在传达目标和方向时会动员每一位员工参与,确保他们内心了解其含义,这样他们才能感受到组织的目标和方向与自己的联系。要直击他们的心灵,这样他们才不会有置身事外、自己只是在做一份工作的感觉。

◆ **对话**:领导者能与员工个人进行对话,鼓励他们讲述自己对目标和方向的理解，分享经验，讲述从组织内外学到的知识。

◆**意义建构**：领导者要帮助员工理解他们所做的工作及其重要性，从而使员工能够更强烈地认同组织及其在世界上的角色。

总而言之，整合型领导者认为，使命感具有感染性，明确的目标能够激励他人以相似的意图行事。

2. 真诚性

真诚型领导者具有如下特征：

◆**真正的榜样**：领导者的一切行为均体现价值观，他们不会容忍背离价值观的行为。他们有很强大的道德指南针，而且十分清楚行胜于言。

◆**自我意识**：领导者能调整和有效地管理情绪，当他们不愿意时，他们对事件的情绪化反应不会妨碍他们做出积极的行为。

◆**开放和透明的关系**：领导者鼓励在互相尊重的基础上坦诚相待。

◆**集思广益**：领导者寻求客观中立的观点，能不偏不倚地了解各种情形，倡导能兼顾各个方面的决策和行动。

换句话说，这样的领导者在他人眼里是言行一致、说到做到的人。为了建设以价值观为基础的文化，他们会招募和认可表现出这类价值观的人。

3. 下放的决策权

赋权的领导者具有如下特征：

◆ **相信他人**：领导者坚信他人能做好工作，相信他们是各自领域的专家，相信他们能够审时度势，能选择适宜的路径。

◆ **给定明确的参数**：领导者高效地传达目标、给定的条件和每个团队为实现目标发挥的作用。清晰的传达给了员工一个简单的框架，未来有需要时，他们可在这一框架内做出有效的决策。

◆ **指导他人**：领导者积极培养他们的团队成员，使他们尽可能提高决策能力，包括让他们充分参与决策、选择适当的视角、搜集和利用相关事实资料、关注预期的结果、确保平衡和速度等。领导者越是积极地培养团队成员的决策能力，他们就越有信心对自己的团队赋权，这会形成良性循环。

赋权的领导者往往会赢得团队成员的衷心拥护，这反过来会促使团队成员为了实现目标更加卖力地工作。他们也会

培养未来的领导者，即能推动增长、能挑起未来重担的
人才。

4. 协作性

协作型领导者具有如下特征：

◆ **团队建设**：领导者认为团队是完成工作的可靠工具[9]，
而且团队创造了一个能让人把能力发挥到极致的环
境。领导者认为，他们在团队建设中发挥的作用是，
促进相互尊重、加深共同理解和消除削弱团队力量的
行为。

◆ **利益相关者管理**：领导者能识别出那些与自己负责的
领域有利益关系的人并会与他们建立关系，获得他们
的信任和支持。

◆ **多团队协作**：领导者会促成团队之间的积极合作，特
别是在企业的端对端流程中需要合作的团队；他们会
奖励符合企业及客户最大利益的行为，而不是奖励符
合某个团队或业务部门利益的行为；会自主地开展高
质量的对话，重视取得的成果和尊重各方的利益。

◆ **影响他人且受他人影响**：领导者认识到，领导他人就
是在对他人施加影响，最可持续的影响形式是相互
的，此时每个人都能从善如流，都乐于接受他人的影

响。互相影响能促进合作、增进信任，能够强化统一的目标意识，增强组织内部各个团队之间的联系。

这样的领导者能激发团队的潜能，能促进跨职能的协作，进而使客户获益。

5. 灵敏性

有助于建设灵敏型组织的领导者具有如下特征：

◆**好奇心和洞察力**：领导者热爱学习，下定决心要跟上客户不断变化的需求，并积极鼓励整个团队保持这样的心态。

◆**改进和创新**：领导者不满足于现状，寻求改进流程、产品和工作方式。一些领导者因职责需要，还会关注能改变规则的创新，为他人创造实现梦想的空间并设计能吸引和留住客户的方法。

◆**领导变革**：为了提高变革效率，领导者会让员工感受到变革的好处。他们认识到，某些人难以接受变革，他们会帮助这些人改变想法。他们信任员工，员工也信任他们，无论做何种决策，双方都能设身处地地为对方着想。

◆**管理模糊性**：领导者会帮助员工弄清工作中的模糊之处，例如为了能提供良好的客户体验，他们会与企业里的其他人保持行为一致，同时又鼓励个人施展才华，使体验更具特色。

灵敏的领导者会督促员工在公司的目标、方向和价值观框架内积极学习、保持灵活和实施变革。

16

案例研究——身先士卒的领导者

这里要介绍的这家家族企业成立于 20 世纪 30 年代，在 20 世纪 80 年代通过收购、出售及有机增长实现了快速发展。该公司拥有多个领先品牌，被很多人视为在全球取得辉煌成功的典范。

现任首席执行官（CEO）是创始人家族的第三代。过去几年里，为了使组织应对因日益动荡、不可预测、复杂和模糊的商业环境带来的挑战，他一直鼓励员工们转变思维，拥抱变化，寻找新的增长方式。作为整合型领导的倡导者，他一直在调整组织的运营模式，促使其向责任共享、决策下放的模式转变。

高层率先垂范

2012 年，CEO 决定加速推进企业向分布型领导模式转变，将战略规划流程作为改变风格和决策的重点。他还热衷于以组织的价值观为基础改善不同品牌和职能部门间的关系，增强它们的合作和协调。首要目标是确定公司的目标和愿景，以便以连贯的长期方式指引分布式决策。

在变革过程的第一阶段，执行委员会首先召开了为期一天的会议。参会人员包括首席执行官、首席财务官、首席运营官、法律事务部门的负责人和组织内最大品牌的总裁。他们的讨论涉及几个主题，包括领导者扮演的角色、领导者各自如何高效地开展工作，以及作为团队的一分子如何更好地开展工作。

他们还讨论了如何帮助下一层级的领导者（品牌经理和中央职能部门的负责人）开展合作，以更具战略性的眼光经营而不是关注鸡毛蒜皮的小事。他们就具体的计划达成了一致意见，拟调整他们的领导角色，向多赋权、少命令的模式转变。

打破"孤岛"

下一个重要活动是将品牌经理和各职能部门负责人召集在一起，探讨如何协同经营（不是作为一系列独立的品牌各自经营）的问题。会议上，CEO 鼓励与会者各抒己见。与会人员要求行政部门定期分享更多的信息，而且为了保持高昂的士气，与会人员建议公司组织一个全球领导力论坛，公司高层采纳了这些建议。这些举措增强了各品牌经理之间以及品牌经理和职能部门负责人之间的信任，增强了他们的共同目标感。

在接下来的几个月时间里，他们多次召开会议，共同确立了组织愿景、目的和目标，品牌经理和职能部门负责人互相配合，深入交流，制定了战略规划，而且战略规划与企业的年度和长期总预算一致。自然而然地，共同愿景得以确立，实现愿景的商业计划也随之出炉。

截止到 2012 年底，高管团队将企业的其他部门也纳入愿景中并制订了相应的商业计划，整个组织的员工和团队通过以下几个问题明确了各自在实现总体目标的过程中发挥的作用：

◆公司为何存在（目标）

◆公司想要实现什么目标（愿景）

◆如何实现目标（价值观）

更加整合的企业

改革给企业带来的好处是显而易见的。从上到下，组织各个层次的领导能力都有所提高。管理人员运用的决策方法越来越兼顾各方的利益，组织制定和实施战略规划的方式也发生了重大的改变。商业计划也更可行、更易于理解了，各品牌和职能部门之间的行动更加协同了。

其他方面的好处包括：

◆人们对行政管理系统的期望越来越高，该系统的绩效和领导力不断提高。

◆团队合作和协作的加强为共担职责和产品的协同创新创造了环境。

◆坦诚的对话促使同事之间相互学习，制订联合计划（例如携手入市的计划）。

◆以事实为基础、兼顾各方的决策增多。

◆该组织正逐步实现其确立的这一愿景：成为竞争力强的全球性品牌管理企业，而不是多个独立经营的品牌的集合体。

17

后续步骤

我们在本章探讨了整合领导力在组织和个人领导者层面的表现。为了提高整合领导力的实用性，我们将从下一章开始深入细致地探讨这些主题。我们会介绍一些见解和活动供你在工作中借鉴，助你在整合之旅中走得更远。下面我们将介绍一份简单的调查表，你可以利用它确认你组织目前的整合状况以及未来可能取得最大突破的领域。

整合型公司调查表

为了分析你的组织与典型的整合型公司之间的差距，也为了你在设计新的工作方法时能找准焦点，我们在此附上了一份简单的调查表。它涵盖了整合领导力的所有因素，你可以运用它诊断你组织目前的状况，并为培养整合领导力制订相应计划，你也可以运用它检验你的领导模式。你可以单独完成此表，也可以和团队成员一起完成，后者更便于讨论。

该调查表旨在帮助你评估你的组织或部门目前离完全整合的状态有多远。如果你是根据组织的某个部门回答下列问题的，那么请保持前后一致。

　　请结合实际情况为下列有关组织的描述打分。如果你评估的是组织的某个部门，那么请根据部门的实际情况作答。评分标准为：

　　1 分表示强烈反对

　　2 分表示反对

　　3 分表示既不反对也不同意

　　4 分表示同意

　　5 分表示强烈同意

　　拿不定主意时，请选择最能反映你组织现状的分数。

题号	描述	1	2	3	4	5
	在这个组织内	1 分表示强烈反对 5 分表示强烈同意				
1	我们对组织存在的原因有共同的理解					
2	我们很清楚组织想实现什么目标					
3	组织的战略为所有职能部门/团队确定重要事项提供了明确和一致的指导					
4	每个人的目标都与组织的战略目标直接关联					
A 部分总分（将上述所得分数加总）						
5	各个层级的管理人员与同事建立了开放和信任的关系					
6	管理人员有强烈的自我意识和高情商					
7	管理人员在做出重大决策前会征求各方意见					

整合领导力

题号	描述	1	2	3	4	5
8	管理人员总是为了整个组织的最大利益行事					
B 部分总分（将上述所得分数加总）						
9	由尽可能接近客户的部门做出面向服务的决策					
10	只有关键的战略性决策由中央做出					
11	根据组织的总体战略并结合当地环境做出本地化决策					
12	提供一致的管理信息以支持组织内的协同决策					
C 部分总分（将上述所得分数加总）						
13	高绩效的团队工作是常态					
14	强大的跨职能工作是常态					
15	薪酬结构根据集体功绩而非个人绩效设定					
16	坦诚和有意义的对话占主导地位					
D 部分总分（将上述所得分数加总）						
17	为了给客户提供最佳的服务，所有团队不断完善自我					
18	文化支持无责任的尝试					
19	为促进创新和改进，知识自由分享					
20	一视同仁地培养各个层次的员工					
E 部分总分（将上述所得分数加总）						

分数汇总

部分	描述	分数
A	目标和方向 整个组织的日常运营在多大程度上体现出了组织具有明确的目标和方向？	
B	真诚性 组织内的关系质量和基于价值观的领导力水平如何？	
C	下放的决策权 组织的决策权是下放的还是集中的？	
D	协作性 团队合作和协作是否是组织的常态？	
E	灵敏性 组织在多大程度上营造出了鼓励员工大胆尝试、免受惩罚和从经验中学习的氛围？	
总体	总分体现了组织总体的整合水平	

解释

得分在20~40分之间表示整合性较低，说明组织内指挥控制型领导模式或官僚主义盛行。

得分在41~60分之间表示整合性有限。

得分在61~80分之间表示整合性水平较高，说明整个组织的赋权和学习氛围较浓，员工具有强烈的集体战略意识。

得分超过80分表示，组织实现了高度的整合，它采用分布型领导风格，鼓励员工在共同的价值观和以客户为中心的心态基础上开展高水平的创新。

从 2016 年初开始，更全面的整合领导力资料可从 cl@cirrus-connect. com 网站上获得。

自省问题

◆根据上述的整合型公司调查表，你能否发现目前你组织在哪个领域的整合程度最高？

◆你能否发现哪个领域的进步空间最大？

◆这张调查表对你有用吗？如果有用的话，它将如何帮助你最大限度地利用本书余下部分的内容？

整合型领导者核验清单

1. 以强大的目标、明确的方向和价值观形成的自由框架为整合领导力奠定了坚实的基础。

2. 通过下放决策权、加强协作和以学习和创新提高灵敏性来改变企业的运营模式。

3. 确定一个领导力品牌，在日常工作中运用整合领导力框架，让它成为指导你组织内各个层级的领导者不断进步的蓝图。

4. 先诊断你组织目前的整合状况，这有助于你制订变革计划。

注释

1 Ignatius, A. (2014) ' The best-performing CEOs in the world' , *Harvard Business Review*, November, 47-56.

2 Ipsos MORI(2015) Ipsos MORI's Captains of Industry Survey 2014, **www. ipsos-mori. com/researchpublications/re-searcharchive/ 3523/Captains-of-Industry-support-Brit-ain-being-in-the-EU. aspx**(accessed 15 June 2015).

3 Schein, E. (2010) *Organizational Culture and Leadership*, San Francisco, CA : Jossey-Bass.

4 Towers Watson (2008) ' Global Workforce Study 2007-2008 : Closing the engagement gap : a road map for driving superior business performance' , London : Towers Watson.

5 Ibid.

6 Ulrich, D. and Smallwood, N. (2007) ' Building a leadership brand' , *Harvard Business Review* , July-August, 79-92.

7 Ibid.

8 Ipsos MORI, op.cit.

9 Gully, S. M., Incalcaterra, K.A., Joshi, A.and Beaubien, J.M.(2002) ' A meta-analysis of group-efficacy, potency, and performance : interdependence and level of analysis as moderators of observed relationships' , *Journal of Applied Psychology*, 87 : 819-832.

第四章

目标和方向

我们从本章开始详细分析整合领导力的五个因素，第一个因素就是目标和方向。当组织中的人对组织作为一个实体存在的原因有共同的理解、对组织想要实现的目标以及实现目标运用的战略有清晰的认识时，他们就会萌生共同的使命感，就会为实现这一使命团结合作、不断前行。

作为一名领导者，你如何确立清晰的目标和方向呢？本章将提供一些实用的指导，包括通过对话让人们参与目标和方向的确立，通过合理的组织提示、故事讲述和以一定的技巧将目标和方向融入文化中，让人们理解目标和方向。本章内容涵盖文化符号、正确的流程、充分的管理信息，确保人人明确自己在解释目标时发挥的作用，理智地确定优先事项和聘用合适的员工。

18

重新开始

伦敦一家顶级律师事务所的人力资源总监正处于进退两难的境地。该公司于几个世纪前创立，历史悠久，是著名的顶级律师事务所"神奇圈子"中举足轻重的一员。这家公司具有强烈的道德感和历史意识，自成立以来取得了辉煌的业绩，是伦敦很多机构和政府部门的座上宾。似乎没什么能妨碍该公司在人才争夺战中吸引法学院最优秀、最聪明的毕业生加入了。

但这恰恰是人力资源总监面临的难题。员工参与度降低，士气低落，这影响了公司对求职人士的吸引力。问题绝不是留住和招聘人才那么简单，而是公司失去了身份认同感。随着市场变得更具全球化，竞争日益激烈，公司里的人越来越不清楚他们想要实现什么目标以及为什么要实现这个目标。

公司领导层决定追根溯源，为每个人，包括从高级合伙人到新聘用的毕业生和支持人员，重新界定公司的目标和方向。他们认识到，昔日的辉煌不足以吸引和留住未来的人才，他们需要彻底改造自己，阐明想要实现的目标及其重要性。他们需要使公司员工和他们赖以生存的客户形成统一的理解，萌生新的使命感，并为他们的工作生活赋予更深刻的意义。

19

为什么要确定方向和目标？

我同时使用"方向"和"目标"这两个词是因为它们具有互补性，它们描述了你要去的地方及其重要性，这是赋予工作以意义的基础。它们可以为鼓舞人心的事务提供理想的定义，也可以空洞无意义。具有强烈的目标和方向感的结果是，企业里的员工更可能认同他们所做的事情及其重要性，这有利于提高他们的参与度和主动性，促使他们积极为客户提供服务。

例如，我合作过的一些银行家认为，他们提供贷款或保护资金的工作能够促进增长和繁荣，能让家庭和企业获得实现抱负的资金。而其他人对自己和银行角色的认知与此不同，他们认为，自己和银行的作用就是赚钱，最大限度地为股东和自己创造利润。

自 2008 年金融危机以来，这两种观点一直是人们有关银行业未来的争论的核心。个别银行想表达立意更高的目标和方向，希望自己的员工和客户共担这一"使命"，以重塑信任和实现长期的独立。愤世嫉俗者可能拿银行的不正当行为说事，认为银行的这种做法只是营销人员精心策划的掩饰之举，是为了掩盖银行没有改变的现实。

　　然而，我真的相信，一些银行和领导者确实想重新设定他们机构的目标和方向，回归他们创始人的初心。这是一个没有结论的问题，需要时间来验证。无论结果是什么，它都说明了信誉的重要性以及组织目标和方向的价值。

20
树立明确的目标意识

要建设整合型企业，你就要明确你企业存在的原因，明确它对这个世界的贡献、它之所以重要的原因。领导者的职责是阐明企业存在的理由，让每个人都有机会界定和维护企业的目标，而且领导者要率先垂范，将企业目标融入到企业文化中。

领导者为何要重新审视企业目标呢？原因有很多。例如，在合并或收购后，他们需要为企业找到新的前进方向；面临市场中断或者可能挑战组织的基本商业模式的技术变化时，他们需要明确地阐述企业的目标。后一种情况的一个有趣的例子是直销店集团（Shop Direct），它是英国规模最大的在线零售商之一，是大型目录公司，主要面向 CDE 受众，可分期付款。随着在线零售业的兴起，纸质目录业务量下降，公司不得不快速转型。

当管理层重新确定了公司的目标时，从纸张向图像转变的转折点出现了。管理层新界定的公司目标是"让更多人轻松买到好货"，这一界定使公司里的每个人都对公司存在的意义有了新的认识，进而使他们在实践中有了改变系统、方法和心态的动力。该公司完全改变了融资驱动的商业模式，启用了新的商业模式。在新的模式下，顾客能以有限的资金购买品牌牛仔裤（可在一段时间内完成付款），"让更多人轻松买到好货"成了让人引以为傲的事情，而不只是赊销产品。

树立目标和意义感有利于组织招贤纳士，并能鼓励现有员工在日常工作中竭尽全力。它为人们提供了工作的理由，提供了让员工引以为傲的目标。我认为它是商品化时代能促进可持续竞争优势的少数几个因素之一。

西蒙·斯涅克（Simon Sinek）的黄金圈法则

苹果公司为什么能年复一年地实现创新？它只是一家计算机公司，从可利用的人才、媒体、服务机构和顾问专家来看，它与其他公司没什么两样。或者说马丁·路德·金（Martin Luther King）何以成了美国民权运动的催化剂？根据领导力作家西蒙·斯涅克的研究，伟大的领导者在激励和影响他人时都会运用黄金圈法则，即按"为何做""如何做"和"做什么"的顺序进行思考。

在2013年的TED（科技、娱乐、设计）演讲中，他详细阐述了自己的思想。他认为这一法则解释了一些组织和领导者能够鼓舞他人的原因[1]。正如他所说："地球上的每个人、每个组织都知道自己在做什么，100%知道。一些人或组织知道他们是如何做的，无论是通过差异化的价值主张还是专业流程抑或是独特的销售主张，但鲜有人或组织知道他们为何要做这些事情。这里的'为何做'并不是指'赚钱'，赚钱只是一种结果，而且永远只是一种结果。我这里提到的'为何做'指的是，你的目标是什么？你的事业是什么？你的信念是什么？你的组织存在的理由是什么？你为什么早晨要从温暖舒适的被窝里爬起来？为什么有人在乎你做的事情？"

21

确定正确的方向

就像目标赋予工作以意义一样，方向能赋予工作以清晰度。这里的方向指的是你想实现的愿景及实现愿景运用的战略。它指引着你前进的方向，引导你向组织的核心目标迈进。随着周围环境的变化，以及技术创造出新的市场和工作方式，方向也可能发生变化。但是，在确定方向时，你要高瞻远瞩，这意味着你要大胆自信，要富有想象力。

1980 年，比尔·盖茨宣称，微软的愿景是让"家家户户都有一台电脑"，在很多人看来，这样的愿景无异于天方夜谭。但现在来看，它似乎平淡无奇，因为这些年来，我们目睹了计算机、平板和智能手机的激增。微软是自信而富有远见的，在这一愿景的推动下，员工们重新思考了公司的经营模式，当时公司的主要业务是向其他企业提供软件服务。盖茨给他的公司，也给全世界确定了一个在诸多方面改变了我们生活的愿景，从那时起，微软在软硬件领域都取得了持续的成功。

企业方向明确时，领导者就可以授权他人做符合这一方向的工作。明确的方向，再加上明确的目标和价值观，会行成一个清晰的框架，员工可利用这一框架获得了解环境所需的信息并做出符合企业最大利益的正确决策。作为领导者，我们需要确保同事们具有这样的清晰度，这一点非常重要。

英国大型消费金融公司远见个人信贷（Provident Personal Credit）的董事会发现，传统的纸质运营模式已经过时，为了保持公司在个人信贷领域内的领先地位，公司需要转型，需要转变为数字信贷供应商。为此，他们重新制定了公司战略，在整个公司实施了改革[2]。董事会与员工精诚合作，提出公司的目标是"在其他信贷公司不涉足的领域伸出援助之手"，他们阐明了公司向纯数字化工作模式转变的计划，并且在客户服务不充分的产品领域推出了两款在线业务。

在短短 18 个月内，该公司就从高度依赖传统模式的家庭信贷企业转变为了多渠道、数字化经营的信贷供应商，满足了更多客户的需求。在这个例子中，企业需要确定新的方向，恰好此时该公司新 CEO 上任，新一届董事会亮相。公司的故事讲述采用了简单而务实的风格，还从公司悠久的历史中挖掘了相关素材。该公司由乔舒亚·瓦迪洛夫（Joshua Waddilove）于 1880 年创建，他曾写道："这个国家的绝大多数人都是诚实的，都能履行其义务。"这为公司设定了以信任为基础的经营基调，公司的人都了解这一点，他们热情地接受了以应用程序为基础的新体系和以客户为中心的工作模式。改革的成效是极为显著的，该公司不仅扭转了利润下降的颓势，还使客户满意度和员工的积极性大大提高。

22

领导者扮演的角色

这些构想、目标和方向对团队和企业都很重要，因此，无论你是领导一个团队、一个业务部门、一个职能部门抑或是领导整个组织，你都要确保同事了解你的目标和方向，而且你要确保他们清楚，他们的付出是有价值的。要确定或改进团队或组织的目标和方向，你首先要做什么呢？我们可以把这一任务分解为下面的一系列必做事项，你在其中要扮演好领导者的角色。

整合型领导的表现

简单明了的计划

先要了解客户的哪些需求对提高企业的绩效至关重要，在此基础上制订简单明了的计划。要与团队一起确定方向、制订实现目标的计划，而且计划要与我们的价值观一致，然后要热情而严格地执行计划，这样做能获得极佳的商业结果。

罗杰·怀特塞德（Roger Whiteside），格雷格斯股份有限公司（Greggs plc）首席执行官

要使目标和方向成为竞争优势，首先要重视他人的参与，你不能独自更新或界定目标和方向，它们是整合性活

动。确定好目标和方向后，你要帮助整个组织的人理解它们，从内心接受它们，领会它们的精髓，将它们铭记于心。接下来的重要环节是讲好故事，我将实事求是地探讨这个问题。最后我们讨论如何高效地嵌入目标和方向。整个过程如图 4.1 所示。

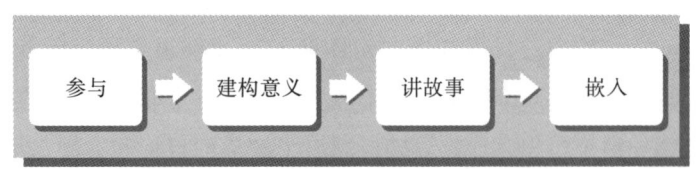

图 4.1　使目标和方向成为竞争优势

组织各有不同，可能你觉得自己的企业在这些方面已经做得很好了，但我希望，你至少可以利用这张清单反思你组织有关目标和方向的考虑有多深入、多广泛。

1. 参与

第一个步骤，也是最重要的步骤，是参与，无论组织选择以何种方式表述目标和方向，它都要通过对话的方式让人们参与其中。这一过程需要开展广泛而深入的对话，涉及许多人、许多联系，不能只是自上而下地传达。

事实上，这通常意味着通过网络或者面对面的小组讨论在整个企业内征求意见。从客户和其他关键的利益相关者（如工会或投资者）那里获取信息也是有帮助的，重要的是，要真心实意地征求意见。如果你不打算采纳他人的意见并修改目标和方向，那么你最好一开始就不要征求意见，因为这样做可能会加剧人们对结果的质疑。

作为领导者，你和你的团队要扮演编辑的角色。你们要谨慎操作，集思广益，这样才能获得鼓舞人心、有意义和极具辨识度的结果。太多的内容"由委员会设计"往往会导致乏味且不太实用的文件，此时，众人的意见过少，看起来好像木已成舟，一切都无法改变了。运用独特的语言和以易于理解、引人注目的方式设计结果也是大有裨益的，因为它们本身就具有内在价值。我看到的最佳实例是，一些人把书和图形视为流传后世的珍品收藏。但再好的形式也要以功能为基础，你首先最重视的应该是内容。

如何表述目标取决于你企业的性质和文化，但我认为最好要简单明了。宜家（IKEA）存在的意义是"为大多数人创造更加美好的日常生活"。"为大多数人"这一表述很有意思，它意味着价格公道、民主与平等，这对全球的房地产公司都非常有吸引力。宜家的目标陈述也创造了一种情感联系，能引起同事及客户的共鸣。

目标陈述要简单明了、有感染力和引人注目。确定方向与确定目标相似，但比之更详细。优秀的战略计划通常包含强大的愿景陈述、长期目标及实现目标的一系列关键活动，这几个方面缺一不可，否则就好像在使用不标注邮编的卫星导航系统。同样，以整合的方式确定方向需要你集思广益，倾听和综合公司内外许多人的想法和见解。让人们参与到这一过程中来，你就为将来收获好结果撒播下了种子。

在我合作过的一家公司，首席执行官为了重新确定目标和方向，花了整整 12 个月的时间与企业的领导者和同事进行交流。通过一系列的研讨和路演活动，他使组织里的人明白了组织为何存在（目标）、想要实现什么目标（愿景）以及如何行为（价值观，我们将在下一章讨论）。

这位首席执行官首先讲述了其他企业在面临同样的挑战时如何应对的故事，接下来他与直接下属们探讨了他们想实现的目标及目标的重要性，然后，他动员了更多的领导者，请他们分享故事并与各自的团队开展讨论，交流有关目标和愿景的想法，动员人们参与对话，说出自己的看法。他实际上是在帮助人们理清头绪，维克（Weick）称之为整个组织内的"意义建构"（sensemaking），指的是"把环境转变成能以文字理解的情境，并以此作为组织下一步行动的跳板"[3]。

通过与整个企业的人一起确定拟到达的目的地和实现目标的活动，人们会对企业的使命有明确的统一认识，每个人都会做出与企业使命一致的决策。当我们把这一点与企业之所以存在的意义相结合时，我们就会得到一个有用的框架，我们可以利用它向整个企业的人赋权，使他们意识到，他们有能力为整个组织的成功做贡献。

2. 建构意义

我们时时刻刻都在了解周围发生的事情。我们从看到、听到或感受到的事物中获取线索，并根据我们的假设和经验建构它们的意义。例如，我第一天到新单位上班时看到，办公大楼前的停车位是给高层管理者保留的，那么我可能会这么理解这一信息：老板们认为自己比员工更重要，他们更珍惜自己的时间，这里可能是等级森严的工作场所，我可能需要更加循规蹈矩和按时完成既定的目标，不敢轻易提出质疑、做出创新，因此我要控制自己的行为，对职务更高的人表现出尊重，不能提太多问题，否则会自讨苦吃。进入办公大楼后，我得保持低调。这或许是一个显而易见的例子，但我想说的是，我们每天都在下意识地做出这类判断。

身为领导者，我们要意识到这些信号并加以管理，使它们形成一组听起来合乎逻辑而不是自相矛盾的信息。在上面提到的停车位的例子中，公司的 CEO 可能只是认为，他和他的团队在靠近入口处停车更高效，这样他们能为公司创造最大的价值，不辜负他们获得的高薪。他可能没有想到，别人会把停车位视为重要性的标志。或者他也可能认为，停车位向公司所有人发出了这一正确的信号：他是老板，他想让所有人都高效地执行他的战略。无论其意图是什么，我都觉得这样的老板不太喜欢赋权，不太愿意冒险，而且坦率地说，我觉得自己不如这位老板和他的团队重要。由于亲眼目睹了不平等的车位安排，无论我当天入职时听到了多么鼓舞人心的话，无论相关人士把公司夸得有多好，我恐怕都会在内心盘算一下。

身为领导者，我们可以利用人的欲望来提高员工的参与度和主动性。维克以"意义建构"来描述人们理解他们所工作的组织的过程。他认为，理解组织的过程是一个讲故事、讨论和理解复杂性的社会过程，在建设更为整合的领导力的过程中，以这样的方式看待相关的社会过程是有益的[4]。

那么，为了促进员工对目标和方向的理解，我们能从有关组织"意义建构"的研究中得到哪些启示呢？我借鉴了维克的一些重要见解，总结出了如何吸引员工以及领导者做什么才能高效快速地实现这一目标。总结内容如图4.2所示。

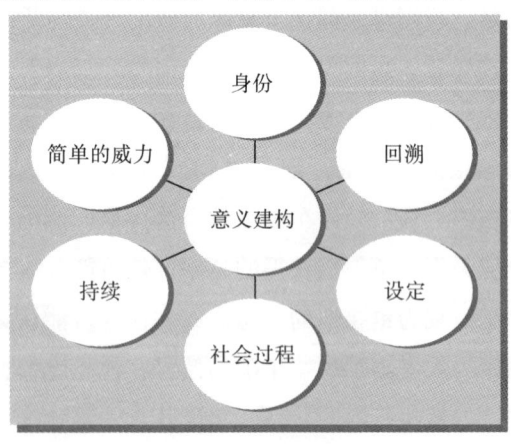

图 4.2　意义建构

身份

首先，意义建构以身份建构为基础。身份建构指的是我们每个人如何界定自己作为人的身份。在工作中，我们都会思考如何与组织保持一致的问题，即组织如何赋予我意义并建立我的自我价值。作为领导者，我们可以从个人身份和集体身份两个层面来帮助人们积极回答这些问题，也就是说，让每个人都觉得自己凭实力得到了重视，以此促使他们认同组织的目标和方向，把其视为人生价值的一部分。换句话说，你要帮你的员工创造出一个引人注目的统一身份。

我们曾在一家零售企业举办了研讨会，会议由基层管理者主持，他们鼓励团队中的每个人谈谈他们为实现更广泛的企业目标所扮演的角色以及这样的角色对他们个人意味着什么，通过这些问题，每个人都明确了自己的个人身份和企业身份之间的联系。许多人因此转变了看法，明白了他们在实现共同目标的过程中所扮演的角色。

回溯

其次，意义建构至少部分地以过去发生的事情为基础。人们以过去发生的事情理解现在，所以，作为领导者，你应该认识到过去的重要性。你要表现出对组织历史的尊重，或者借助组织过去的历史讲述与组织当前的价值和作用有关的故事。你可能需要简化历史，但只要是讲述"可信的历史"、能让你的员工对现状感到满意就可以。例如，在一家大型银行，我们为了让领导人理解除赚钱之外的基本目标，讲述了创始人的感人历史（以及他们如何在战争期间冒着极大的个人风险保护客户的资金和记录）。

结合当前背景考虑未来的一种方法是绘制战略地图，可以是实物的也可以是虚拟的。这种地图可以显示你曾经的位置、当前的位置和未来你要去的地方。召开研讨会和团队会议时，可以利用这类视觉工具。人们可以直观地看出（和理解）变化过程，将未来的目标和方向视为过去的自然延伸。在上面提到的那家大型银行里，我们绘制的战略地图包含了创始人英勇无畏、忠于客户的故事。这些线索把这家银行的过去与拟实现的未来联系起来，一家值得信赖、勇敢、诚信地服务客户的机构的形象随之树立。

设定

关于"意义建构"的第三个见解是，我们所做的事情至少为创造未来发挥了部分作用，因为我们采取行动检验了我们的假设，而且为了更好地理解未来，我们探究了周围发生的事情（维克称之为"设定"）。作为领导者，如果我们能够设定程序、规范和做事的方法，将我们的目标、方向和价值观这类建构"制度化"，那么它们就会成为我们共享的"现实"的一部分。当我们让人们去做能创造新现实的事情时，我们就是在帮助他们把组织的目标、方向和价值观内部化，将它们融合进自己的世界观里。

在一家发展快速的消费品企业里，品牌作为独立的业务部门运营，为了释放向更加协作的经营模式转变的信号，领导者将主席年度表彰奖侧重的领域从品牌转向了创新。为了强调协作的重要性，激励跨品牌创新，该奖项开始向跨品牌的举措倾斜，例如共享的技术创新或市场研究。

社会过程

维克的第四个见解是，意义建构是一个共享的社会过程。人类的思索和社会功能是相互交织的，因为我们通过与他人的互动理解、反思和看待事物的"适合性"。作为领导者，我们知道对话是与他人交往的关键，也是树立方向和目标感的关键。我们还应该注意我们赋予事物的标签，因为它们传递了象征性的共享意义。

我们可以用不同的词汇描述同一事件，比如讨论会、委员会会议、情况介绍会或者研讨会。这几个词汇对参会人员（或不参会的人员）具有不同的意义，分别指对话、正式的交流、个人长篇大论或共享的活动。人们带着不同的期望参加会议，这将影响他们的参与方式。从本质上讲，我们需要关注的是我们说什么以及怎么说。如果我们能创造出一套人人都能理解的术语和语言，那么我们就能帮助员工从集体的角度合理地思考问题。

于18世纪成立的一家金融机构的改革成效就说明了对话的重要性。这家机构正处于转型中，为了开展更多的团队合作，增强工作方式的灵活性，它要求每位管理者每周都召开一次碰头会议。在一些管理者看来，这种做法确实令他们不舒服，特别是那些已在公司服务了多年、习惯了传统的层级管理模式的人。但逐渐地，碰头会议成了一种惯例，效果也逐渐显现了出来：人们的交流增多了，团队成员之间共享信息，互相帮助，宽松的文化逐步形成，团队之间的协作显著增强。

持续

作为领导者，从意义建构中获得的第五个有益见解是，它是一个持续的过程。人不是处于真空之中，正如维克所说，人总是"处于流动中"，流动的中断会引起人们的情绪化反应。为缓解这样的反应，我们可以在特定的时间以特定的事件吸引人们的注意力，中断"流动"，以便我们专注于特定的事项，比如目标，并帮助人们明确其具体的含义。正是由于这一原因，公司职工大会盛行了多年，这样的会议可以把人们聚集在一起，公司可借此发布公告，聚焦于战略和特定的主题。但要注意，我们的例行程序要与共享的目标和方向保持一致，因为它们有时容易成为延续旧观念的多余程序。

简单的威力

从意义建构中得到的最后一个见解是，简单明了具有无穷的威力。让人们相信一个理由要靠合理性而不是精确性。在我们的日常生活中，我们需要过滤掉噪声才能看清楚信号的真面目。因此，作为领导者，我们要认识到简化能促使人采取行动。一个简单的感人故事就能激发人们采取行动。如果我们能够提供符合事实的推理，那么我们就能激发他人做出行动，而且他们会理解行动，会更具有奉献精神，这通常要比逻辑确定性更重要。一个以我们熟知的事实表达一定立场的故事要比详细的商业案例更能激励人们。下面我们会讨论如何构思出色的故事。乐高公司（Lego）的目标是"启发、培养未来的建设者"，这凸显了乐高玩具寓教于乐的作用，也部分解释了这家丹麦公司凭借简单的塑料积木大获成功的原因。

3. 讲故事

我们在本章探讨的内容通常被视为组织故事的一部分，即能帮助我们理解什么对企业真正重要的故事。我记得，一家客户公司的高级主管总是能轻松地与组织各个层级的人以及客户进行沟通。我发现，他每次沟通时都会讲一个很契合对方背景的小故事，他在描述任何内容时都能很自然地抓住两三个关键点，这使他的描述简单、易于理解。他开头总会讲述某些事情有趣或重要的原因。每个故事都有一副"骨架"，这副骨架决定了故事的结构。通过相关的例子把现实情况置于"骨架"中，我们就能把现在与未来联系起来，进而明确未来的意义。

上面提到的那位高管自然能讲好故事，但就其他人而言，掌握哪些技巧才能讲好故事呢？我喜欢剧作家肯恩·亚当斯（Kenn Adams）提出的技巧。2012 年，皮克斯的故事大师艾玛·科茨（Emma Coats）在推特上以"storybasics"

为话题发布了 22 个讲故事的提示后，这一技巧迅速得到了推广。这份提示清单在互联网上流传了数月，被广大网民称为"皮克斯讲故事的 22 条法则"[5]，其中第 4 条法则被称为"故事骨架"，如图 4.3 所示。

背景	从前
	每天
催化剂	直到有一天
后果 （需要时可重复）	因此
	因此
高潮	直到最后
结局	从那以后

图 4.3 故事骨架

上述故事骨架有助于我们设定故事的结构，讲好一个故事。讲故事是让不在现场的人感受和学习经验的好方式。故事能帮助我们把感觉和意义与我们获得的信息联系起来，与我们过去的经历联系起来，并使我们学习未来可用的经验。

为便于人们理解，亚当斯想方设法提炼出了创作优秀故事的结构。当你想通过一个故事解释概念或想法或者想回溯过去的经历时，你就可以运用这个故事骨架，这能确保故事的结构令人难忘。它为故事创作提供了这样一个模板：开头是常规和打破常规的事件，中间显示打破常规的后果，然后是推动故事中问题解决的高潮以及问题的解决。

试试吧，这一模式很管用。下面就是一个简单的例子，名字叫《约翰的妻子》。

约翰的妻子

几年前，我曾在一位名叫约翰的上司手下工作过。他是个工作狂，每天从早上六点到晚上十点，他一直忙着处理电子邮件。他每天总是第一个到达办公室，也总是最后一个离开。他极为自律，我们这些手下压力都很大，因为我们都做不到他那样。

有一天，约翰的妻子玛丽出车祸被送进了医院急救，她在重症监护室待了三个星期，后又在家休养了六个月。在此期间，她无法开车，也不能照顾两个孩子。两个孩子都在上小学，每天都需要接送。约翰和玛丽没有和他们的父母住在一起，因此，约翰又得工作，又得照顾妻儿，忙得焦头烂额。不久，约翰出现了工作不能及时完成的情况，工作质量也大受影响。

我们试图帮助他，但他坚持一力承担。有一次，他没有按时向CEO提交一份重要的报告，他以为自己会被炒鱿鱼，但CEO只是把他叫出去吃了顿午饭，并建议他休假，直到他妻子完全康复再来上班。这样的结果使约翰松了一口气，虽觉得有些不好意思，但他还是采纳了CEO的建议。此后，他全力照顾家人，也有了时间思考对他而言重要的事项。

休假返工后，CEO让他按自己的方式推进工作。从那天起，约翰每天早晨都会送孩子们上学，在工作中也更加理解我们、更喜欢与我们合作了。约翰仍然像以前一样按时完成工作，不过现在是我们一起完成。

107

本章开头提到的那位高管就是讲故事的高手。他喜欢运用重复的方法，通过故事"把零碎的记录串联起来"，直到所有人都把故事铭记于心。他经常变换例子或者只是改变一下重点，但基本的内容保持不变。当他听到其他人讲述同样的故事或使用相同的术语时，他知道自己的付出是有效果的。他的故事已经成了公司语言的一部分，而且从其他人的嘴里衍生出了许多新版本，因为整个企业的人都受到了这些故事的影响。这些故事有助于其他人理解和相信公司的目标和方向，并发自内心地认同它们。

从皮克斯 22 条规则中得到的其他提示

◆在写中间部分之前先想好结尾。结尾很难写，要提前写好。

◆你故事的精髓是什么，如何紧凑地讲述它，弄清这些问题的答案，你就可以在此基础上构建故事。

◆你故事中的角色擅长什么，喜欢什么？给他们截然相反的东西，给他们施加挑战，看看他们如何应对。

◆遇到瓶颈时，将故事里接下来不会发生的事情列个表。整理整理思绪，灵感就会悄然而至。

◆分解你喜欢的故事。你喜欢的部分就是你可借鉴的部分，借鉴之前，要先确认你喜欢的部分。

◆把故事写到纸上，让它成形。如果它只停留在你的脑海里，无论创意有多完美，你都无法与他人分享。

◆如果你是故事中的角色，你会做何感想？诚实些，难以置信的情况会变得真实可信。

◆故事中存在哪些利害关系？给角色的设定提出坚实的理由，如果他们不成功怎么办？要权衡利弊。

◆角色碰巧陷入困境是好情节，但角色碰巧走出困境就是欺诈了。

4. 嵌入

最后，要建成一个能自我管理的有机组织，很重要的一点是，要让目标和方向嵌入到组织员工的所思所行中。从指挥控制的旧模式转变为整合的新模式意味着要创建这样的组织能力：在没有高级管理人员持续地进行控制和干预的情况下，组织能不断地向长期目标迈进。可以利用很多方法做到这一点，我将结合自身经验，谈谈最有利于在整个组织中嵌入共同的目标和方向的方法。

文化符号

每个组织都有施恩（E. Schein）所称的体现其基本文化的人工制品或符号[6]，包括实际的事物，如工作环境、品牌和其他新颖的组织表达、着装规范、入职仪式、回复电话的方式、内联网、办公室布局等。当这些符号与目标和方向一致时，那么它们会强化目标和方向信息的传达，因此是有益的。例如，你组织的目标是促进世界的联通性，而你组织的文化符号能够促进公开的对话，比如容易接触高管、容易进入非正式的社交空间、开放的聊天室，容易得到网络团队的协作支持等，这些都有利于目标信息的传达。但是，如果文化符号与你的目标和方向相反，那么你在年报中写明的目标陈述在同事们眼中就是空洞、不诚实的。这些人工制品显示的是真正重要的东西。

所以，你应该多在组织内走动走动，以新的眼光看待组织的一切，这样做很有价值。可以让新来的员工陪着你，或者带着你的朋友或伙伴上班，问问他们看到了什么，从中体会到了什么。我们之前曾为一家零售商提供过服务。我们店面的经理们去参观竞争对手的每一家店铺，以全新的眼光观察他们的行为。然后我们请经理们反馈，他们在各家店铺里看到了什么，他们认为什么对每一家店铺很重要。我们请他们对自己公司的店铺也这么做。经过一番考察和反思后，这些管理人员深刻地理解了符号以及他们对同事和顾客所做的承诺的重要性，他们也理解了如何有意识地管理这些符号以及使符号传递的信息与公司真正关注的东西相一致的重要性。

流程

工作方式以及随时间推移建立的流程和系统能提高工作效率和效果，但它们也可能变得过时、官僚作风严重或者与战略性优先事项不相容。2008 年金融危机爆发一两年后，我在一家国际银行看到了数以万计的规章和法规。随着时间的推移，它们的数量还在增加，颁布它们是为了降低风险和管理合规，但不计其数的规则已经成了客户服务和创新的障碍。

由于银行应对全球金融危机不力及由此导致的客户信任崩溃，人们逐渐认识到，按规则办事已成为管理者不重视客户服务、不重视改进和创新的借口了。"在规则面前迈出一步"成了这家银行领导者的"战斗口号"，因为他们想引入以客户为中心、以价值观为基础的工作方法。实施改革后，规则的数量大幅减少，管理者也被要求像"客户支持者"一样思考和行事。但这家银行的改革进展非常缓慢，因为其内部的保守思想抑制了员工的主动性和冒险精神。

管理信息

组织生成的与管理目标相关的信息在很大程度上体现了组织优先考虑的事项和监管要求。高层领导关注的事项会向组织中的其他人发出明确的信号，暗示了组织真正重视什么，因此，要确保管理信息与组织的目标和方向一致，这一点很重要。例如，如果董事会衡量绩效时主要运用财务指标，那么对外宣称更广泛的社会或组织目标就是毫无意义的。因此，我建议你采用一套兼顾各个方面的绩效指标，它们要能反映出你组织的目标、愿景和重要战略事项。卡普兰（R. S. Kaplan）和诺顿（D. P. Norton）提出的平衡计分卡就是很有用的工具，你可以在目标和方向的基础上，运用它确定优先事项[7]。把这些指标摆在明处，这有助于证明言辞与指标的一致性。

了解你的职责

要成功地把一项大战略落到实处，就要确保每个人都清楚自己的职责，这一点显然很重要。最明显的办法是，确保每个人都使自己的目标与团队和组织的目标保持一致。我看到有一些组织在这一方面表现得异常出色，也有一些组织表现得不尽如人意。造成差异的通常是沟通，简单的沟通就能使本地目标的设定真正地反映更广泛的组织目标。

一个绝佳的例子是英国在线零售商直销店集团，其内联网专门设置了一个"了解你的职责"板块，这个板块形象地展示了公司的总目标和战略目标在各个职能部门的分解，进而在各个团队的分解。这种水平的透明度和清晰度使得整个企业的人都十分清楚自己的职责，因此，他们在与基层管理者谈及关注的目标及其原因时都能提出非常明智的建议。当集团的战略目标发生变化时，其内部联系也会随之变化。在这样的联系及应变能力的推动下，该公司从传统的工作方法（如每年制订一次规划）转变为了更着眼于短期、更注重时尚的数字采购和零售方法。

理智地确定优先事项

我访问过许多大型组织，有的组织变革速度很慢，系统内部同时实施多个项目。有的组织变革速度很快，这样的组织在确定优先事项时往往不受情感的干扰。高层领导者关注的是最能够实现他们寻求的变革的关键项目，而且，在这些项目实施之前，他们会拒绝上马更多的项目（或进入项目的下一个阶段）。很多组织都有表达过精简项目的意图，但在我看来，只有少数组织做出了精简的决策。组织应该专注于能给客户产生最大影响、能够创造差异化体验和能在现在和未来向客户提供独特价值的项目。

　　理智地排定优先次序也能够提高组织的灵敏性，我将在第九章详细阐述这一点。若组织能理智地专注于那些与既定的优先事项直接相关的项目和活动，那么我建议组织也以这样的心态确定目标和方向。2014 年戴夫·刘易斯（Dave Lewis）执掌英国零售商特易购（Tesco）时，该公司正处于困境。为了给客户的价值主张提供资金支持，他做出了一些大胆的决定，实施了一系列的改革。在他的带领下，公司重新聚焦于核心业务，出售了机顶盒视频服务等辅助性业务，关闭了不盈利的店铺，减少了总部员工人数。在短短几个月内，他就重建了股东对公司的信任。撰写本书时，该公司仍处于改革阶段，但就确定优先事项和重新聚焦于核心业务而言，该公司堪称不受情感因素干扰的范例。

合适的人

　　当你认真对待自己的目标和方向时，你就会雇佣和提拔认同你的工作、了解其重要性的人。2001 年，吉姆·柯林斯（Jim Collins）[8]就曾写道，在"从优秀到卓越"的旅程中，"要请合适的人上车"，如果你下定决心要建设一个可持续发展的卓越企业，那么你就要运用这一原则。这涉及到下一章要探讨的价值观：如果你鼓励和奖励了不符合组织价值观的人，那么你就会损害价值观，而且你的行为就等于告诉人们，结果比实现结果的方式更重要。

　　"请合适的人上车"这一原则可在各个层次发挥效力。从极高的层次来看，你的所作所为释放了哪些事项是真正重要的信号；从中高层次来看，你的聘任和提拔决策会向他人表明你将来和现在想要什么。当组织选择了未来的领导者时，这暗示了组织立足长远的意图。从较低的层次来看，你的用人决策揭示了你希望在企业中促进什么样的技能和行为。Inditex 集团是一家经营很成功的西班牙零售商，该公司招募的是有团队协作精神的员工，因为公司的领导者认为协作性是非常重要的素质，能提高公司高度整合的商业模式的效率。因此，要确保所有的招聘、选拔和晋升决策都与你的目标和方向一致，这样才能使它们成为人们心目中都认同的优先事项。

23

案例研究——渣打银行的整合领导力

具有 150 年悠久历史的渣打银行在许多充满活力的市场上都堪称业内的领头羊。它为亚洲、非洲和中东地区的个人和公司提供融资支持，促进了当地的投资、贸易和财富创造。该银行 90% 的收入和利润都来自这些地区，其"一心做好，始终如一"的品牌承诺促进了其业务的长足发展。

渣打银行非常重视多样性，它雇佣了 9 万多名员工，其中有近一半是女性。这些员工来自全球 133 个国家，讲 170 多种语言。这种多样性不仅丰富了该银行的文化，也为其带来了强大的竞争优势，使其在不同的市场中更了解客户的需求。

2002 年，渣打银行的员工为 2.7 万人，税前利润为 10 亿美元，现在其利润增长到了 53 亿美元。它大力开拓发展中国家的业务，在欧洲和美国的业务量较少，这意味着，与许多竞争对手相比，它受全球金融危机的影响很小。渣打银行全球执行和管理发展总监安东·泽尔（Anton Zelcer）说："全球金融危机当然对我们有影响，但我们从简单的增长模式转向了更为智慧的增长模式。"

目标的重要性

安东说："我认为，核心目标设定正确的话，自然会得到好结果。在渣打银行，我们的战略、绩效目标和增长目标都很明确。我们很清楚我们要去哪里，我们去那里需要做什么。我们知道做什么能够推动股价上涨。但是，所有这一切的基础、能让我们做到这一切的是我们的总体目标和文化，而推动我们文化建设的是我们的领导力。"

政府加强了对银行业的监管，这对银行的领导者提出了挑战，他们现在要投入越来越多的时间降低风险和满足合规要求。安东说："从很多方面来看，这意味着聚焦于我们的总目标和使命比以往任何时候都重要，这里本身就是一个好地方，文化足够强大，员工们想做正确的事情，他们确实相信'一心做好，始终如一'的品牌承诺。"

目标和方向

安东说："我们的独特之处有很多，包括150年的悠久历史、丰富的国际从业经验和强大的文化。我们的目标是基础性的，它超越了商业目标，是人们能够认可、能够与之建立联系的。它有助于理解我们的决策，有助于理解我们的人才招聘原则。我们诚邀有识之士加入我们，与我们共创未来，一同践行'一心做好，始终如一'的承诺。目标和方向明确的个人在目标和方向明确的组织里工作会产生极佳的结果。"

决策共享和协作

在渣打银行，整个组织的人都有权参与决策过程，而且组织鼓励所有人为创造更好的结果努力。安东说："就决策而言，我们有9万名员工参与其中。我们必须下放决策权。如果你不分享决策责任，信任感就会消失，就无法赋权。在非常严苛的条件下经营，不信任员工、不进行赋权的组织是永远不会繁荣发展的。下放决策权和协作密切相关，没有这两个方面做为基础，我们怎么可能保持灵敏性呢？如果只有高层领导有决策权，那么决策的强大作用很长时间以后才会显现。"

渣打银行当然清楚明确的决策框架是何等重要。"我们与治理结构和委员会确定了公司的决策流程，制定了各种指导方针。在我们这个行业，未来的发展要看我们今天做出的决策，而且通常情况下，判断我们未来发展好坏的标准是变革。因此，做出以价值观为基础的决策、知道我们做决策的基础是做正确的事情而不只是正确的标准非常重要。这一切又以我们的文化为基础。"

协作

协作是渣打银行具备的一个非常关键的组织能力。领导者喜欢协作，他们也鼓励其他人开展协作。渣打银行还设有一个很受欢迎的内部社交媒体平台，它鼓励全球范围内的虚拟协作。安东说："这样的工具很重要，但从根本上说，成功的协作要以文化为基础。"

安东也认识到，金融领域的协作面临着更广泛的挑战。他说："只要银行业继续重视个人绩效，我们对协作的激励就达不到我们需要的程度。业内人士应该多考虑考虑这个问题。"

培养领导者

渣打银行为领导力提升计划投入了大量的资金。安东说："我们非常关注个人领导力的培养。我们已经改变了对领导力的要求。整合领导模式对我们很重要，我们的领导者要学会驾驭复杂性。"

真诚和透明是渣打银行高度重视的领导力属性。银行鼓励领导者把自己的价值观与组织的价值观统一起来。安东说："我想做最好的自己，真诚地领导能让你实现这一目标。"

领导力提升的重点是激发基于价值观的行为、提高基于价值观的技能和能力。安东说："就确立目标和使命而言，我们的组织有非常独特的优势和机会。我的职责就是帮助渣打银行的人确保个人的目标与组织的目标和使命一致，这是非常令人兴奋的工作。"

整合的好处

安东说："提高内部关系的质量、提高我们与客户和顾客之间关系的质量是我们的核心使命。我们关心内部的员工，我们也关心客户。许多客户告诉我们，他们愿意与我们打交道是因为我们的品牌和文化。"

自省问题

在进入下一章之前你可以先思考下列问题。可以边思考边做些笔记，以便你以后考虑这一问题时进行参考：为了成为整合型领导者，你应该把主要的精力放在哪些方面？

◆组织的目标是什么？

◆我优先投入时间和精力的事项是否体现了这一目标？

◆我们的愿景和战略是否明确，是否与所有同事有关联？

◆怎样才能鼓励团队聚焦于能让我们实现目标的少数事项上？

◆我能完善上述四个阶段（参与、理解、讲故事和嵌入）中的哪一个？如何完善？

整合型领导者核验清单

1. 确定目标和方向需要各类人员的参与，而且这只是个开始；

2. 让每个人都发自内心地接受目标和方向需要长期的关注和坚持；

3. 将客户置于目标和方向的核心，为企业设定明确的焦点；

4. 共同目标和方向感强烈的公司仿佛肩负着特殊的使命。

注释

1 Sinek, S. (2013)' Start with Why', TED talk video, **www.youtube. com/watch**? **v=sioZd3AxmnE**(accessed 16 June 2015).

2 **www. providentfinancial. com/about-us/history/**(accessed 23 August 2015).

3 Weick, K. (1995) *Sensemaking in Organisations*, London: Sage, p.409.

4 Weick, K. (1979) *The Social Psychology of Organising*, 2nd edition, New York: McGraw-Hill.

5 Coats, E. (n.d.)' Pixar's 22 rules to phenomenal storytelling', **www. slideshare. net/llamallama/storytips**? **qid = 3f4237a7-cbf9-43d4-b642-78340a54cdf6&v = default&b = &from _ search=31**(accessed August 2015).

6 Schein, E. (2004) *Organizational Culture and Leadership*, San Francisco, CA: Jossey-Bass.

7 Kaplan, R.S. and Norton, D.P. (1995)' Putting the balanced score-card to work', in Schneier, C., Shaw, D., Beatty, R. and Baird L. (eds) *Performance Measurement, Management and Appraisal Sourcebook*, Massachusetts: HRD Press, pp.66-74.

8 Collins, J. (2001) *From Good to Great*, 1st edition, London: Random House Business.

第五章

践行价值观

本章讨论整合领导力的第二个因素：真诚性。为了使每个人都明确你的行为选择以及你的行为如何创造独特的客户体验，你要在组织内建设更为真诚的、以价值观为导向的文化。阅读本章，你也能明确真诚性对领导者的重要性及其对整个组织绩效的影响。

我们将讨论何谓真诚型领导，我们还将介绍一些工具和技术，你可以运用它们评估自己的价值观，包括校准你的道德指南针、增强你的自我意识、确定你在情绪资本能力方面的优劣势，提高你的正念修行。

一些见解可以助你树立以价值观为导向的文化，促使你在此过程中发挥模范带头作用。最后，我总结了一些有益的观点，你可以利用它们来判断你的领导有多符合伦理。

24

重新界定和统一核心价值观

珊蒂离开董事会会议室时，内心可谓五味杂陈。她是孟买一家大型 IT 服务公司的 CEO，这家公司的财务绩效良好。在过去的十年里，公司通过收购实现了惊人的增长。每次收购后，公司的技术都有所进步，现已成为亚洲市场上最大的 IT 服务供应商之一。

但扩张是有代价的，客户的投诉增多了，员工流失率达到了一些董事会成员认为无法实现可持续经营的程度。珊蒂担心公司的员工对服务的重要性认识不够深刻。前些年提供服务要容易得多，当时总部规模小，员工彼此认识（或者至少知道谁认识其他人），但现在，公司就像以不同的建筑风格扩建了几倍的房子，内部没有统一的文化和工作方式。客户开始抱怨服务水平不一致，尤其是在多个国家经营的服务业务。

珊蒂非常重视服务质量和客户关切的问题，她知道公司的业务对客户意味着什么，知道客户的运营效率有多依赖这些业务，但收购后加入的一些新同事的作风不符合她的风格。一些客户表示，由于无法再像以前那样预测不同地点的服务水平，他们可能与其他公司合作，这些公司的服务水平比较稳定。珊蒂的另一个担忧是，公司里出现了一些难以捉摸的员工，他们擅长与客户打交道，但喜欢勾心斗角，说长道短，常常引发同事间的冲突。

珊蒂认为，解决客户体验不一致和员工流动性问题的最佳方法是重新界定公司的使命、行为和服务标准，让每个人都反思这个问题：让本企业与众不同的因素是什么。她认为，要做到这一切，就必须确保自己的价值观和企业中每个人的价值观完全一致，这样才能确立人人都愿意遵守的、明确的、统一的行为准则。

25

重要的是什么？

整合领导力的下一个因素是真诚性，它涉及企业如何经营，涉及推动员工工作行为的文化和价值观。从个人层面来看，它涉及你如何以价值观为基础做出行为以及作为领导者，你的真诚性如何。我谈论的不一定是你办公室和公司网站上明确展现出来的价值观陈述，而是现实中发生的事情。你和你的同事践行的价值观有助于树立文化（组织里的工作方式），能为相关的规范和假设[1]提供支持。

价值观通常反映了高级领导者的性格以及他们的决策原则。例如，如果你和你同事的决策和行为表现出你们高度重视诚信，那么员工之间开展合作和员工与客户打交道时会反映出这样的文化，他们会做到言行一致。你认为什么对心态和行为重要，你就要在行动中有所体现。如果你说自己重视诚信（而且可能在公司网站上或董事会会议室的墙壁上有这样的明示），但你实际上最重视的是成功，那么员工就会想方设法取得成功，而不会在乎诚信。从长远来看，言行不一致会引起员工的怀疑，降低他们的参与度，打击他们的积极性，抑制他们提高绩效的动力。因此，如果你想要卓著的信誉，想拥有积极的团队或同事，你就要有明确珍视的对象，你申明的价值观和你在实践中贯彻的价值观要高度一致，这一点至关重要。

正如我们在珊蒂的案例中看到的，在实践中做到这一点不太容易。当公司通过并购实现了增长时，问题可能更加严重。珊蒂的企业没有审查被收购企业的基本假设，每次收购后，公司没有明确的程序对被收购企业进行有效的整合，由此导致的结果是，公司内部文化林立，不同的文化氛围确定了不同版本的重要事项，由此导致了客户体验的不一致。

因此，如果我们想要建设一种能够带来卓越的员工和客户体验的优秀文化，我们就需要谨慎地处理好这些方面的问题。我们对日常的工作行为模式有一些假设，文化正是这些假设的结果。例如，如果我是一家律师事务所的律师，我相信我的个人价值观能使我保持自我，但在工作中，我优先考虑的事项始终是多收律师费并为客户打赢官司，那么我就不会在工作中践行我的价值观，我只会在工作之余践行它。如果公司里的每个人都像我这么想，那么最终的结果将会是，计时收费的律师之间会展开激烈的竞争，其他律师会被视为二等公民，而且，为了赢得每一起官司，我们有可能枉法（或者至少把法律条文解读得很宽泛。）

这样的文化可能会孕育成功，但付出的代价有多大呢？最终，文化可能阻碍和拖累公司的发展，正如我们在各行各业看到，工程腐败、金融服务中的不当销售、向政府提供服务时误报结果、能源行业中出现安全事故等。最终结果可能是数十亿英镑的损失和股价大跌。我认为，企业出现的不道德行为往往与其高级领导人对文化问题睁一只眼闭一只眼有关，这是很严重的问题。

文化挑战的核心在于员工之间、高级管理人员和员工之间、客户和公司之间、社会与公司组织间的信任。当信任崩塌时，正如我们在上面提到的一些行业中看到的，企业的基本面就会出问题。当各方之间存在一定的信任时，贸易和商业企业会经营良好，缺乏这种信任时，企业的增长和发展会受阻。

第一章提到的环球扫描公司的调查说明了当今社会人们对商业领袖的信任程度有多低。一次又一次的调查显示，人们对领导者的信任程度整体呈下降趋势。《今日心理学》(*Psychology Today*)[2]引用的另一项研究表明，人们普遍认为高级商业领袖不诚实；有近40%的受访者表示，他们的上司未能兑现承诺；有超过三分之一的受访者称，他们的上司为了掩盖错误或缓解尴尬的局面而责怪他人。这简直就是危机，作为领导者，我们需要解决好它。为了使信任度恢复至健康的水平，我们需要更加关注这些问题：我们如何领导？我们有多值得信赖？我们要以身作则，给人们提供活生生的范例。

26

真诚型领导

那么，我们如何在组织中建设更真诚、更以价值观为导向的文化呢？我们如何在坚守原则和实事求是的基础上取得商业上的成功呢？我们从过去 15 年内完成的有关真诚型领导的大量研究中总结出了促进真诚性的四个因素：自我意识、强大的道德指南针（以明确的价值观为基础）、信息的公正处理和开放（信任）的关系[3]。

过去 20 年来，人们对领导力提升的关注点一直是培养富有感召力或变革型的领导者。与变革型领导相比，真诚型领导代表的是一种更具包容性、更少强调个人主义的领导风格，它与我们将在后续章节中介绍的共享的整合领导过程更一致。太过重视富有感召力的领导者是有风险的，因为这会让人们产生这样的意识：所有的领导者都应该是能扭转乾坤的英雄人物。

在依赖英雄的组织里，继任是个难题。根据我的经验，在这样的组织里，众人会特别重视英雄的意愿，而不是建设可持续的组织能力。这与很多研究结论是一致的，如第三章引用的内容。这些研究表明，将领导力建设为组织能力（而不是注重个人）是实现差异化和获得长期绩效的强大源泉[4]。

然而，我们不应当低估个人的影响，历史上出现过很多对重大事件产生过深远影响的人物，例如温斯顿·丘吉尔（Winston Churchill）和纳尔逊·曼德拉（Nelson Mandela），但他们都是例外，我们可以把他们视为时势造就的英雄。他们是有明确信仰的领导者，甚至可以说他们是广大人民集体意志的产物，例如英国在第二次世界大战中信仰自由、抵抗纳粹压迫的集体意志，以及在种族隔离期间南非黑人社区实现自主和反抗白人压迫的意志。

现在，我们许多人生活在网络化、民主化的社会中，全面的领导能力已成为企业的一项资产，它比培养单个的领导者更重要。当人们行动一致时（共同领导的行为），他们能取得伟大的成就，例如20世纪下半叶美国发生的民权运动，以及20世纪80年代早期格但斯克列宁造船厂（Gdansk shipyard）的大罢工，当时1000万工人建立了团结工会，这加速了苏维埃统治在波兰的终结。显然，在这两个例子中，有个别人士推动了运动的发展，马丁·路德·金（Martin Luther King）和莱赫·瓦文萨（Lech Walesa）各自扮演了非常关键的角色，但变革的真正推动力源于许多人以相互关联的方式采取的协调行动。

这些历史事实也证明了价值观的强大力量，它能激发人们产生改变现状的意愿，并在力量相差悬殊时以自由的名义促进变革发生。我认为，所有参与人员都受到了强大的目标、愿景和价值观的激励。他们有为之奋斗的理由，对需要改变什么有共同的看法，而且他们对何谓对错有统一的评判原则。如果身为领导者的我们可以成为类似的推动者，那么我们也能实现宏大的目标。但我们首先需要：

1. 目标明确，相信目标，愿意承担个人风险；

2. 对更好的方法、未来要去哪里有明确的设想，理想的情况下，对实现目标的战略有明确的设想；

3. 有统一的是非观，遵守共同的道德准则。当价值观受到挑战时，道德准则能激发我们维护它们。

我们在第三章已经讨论了前两点，现在我们探讨如何实现第三点。在上面列举的 20 世纪的几个例子中，我们都看到了明确受价值观驱动的变革动机、不公正感和对人类价值观的侵犯。

需要注意的是，如果我们以马基雅维利式（Machiavellian）的欲望操纵局势，以欺诈手段获得权力和人们的拥护，那么，当真相水落石出时，我们会丧失他人的信任。根据我的经验，人们很清楚他们何时受到了操纵，他们不喜欢被操纵。因此，如果我们要建立信任，要赢得人们的支持，我们自身就要保持正直诚信，做真诚之人。

领导者的角色：从自我开始

如果你自己不能成为变革的榜样，那么组织的行为和运营方式将很难改变。甘地（Gandhis）曾说过，"想要世界变成什么，你就要先变成什么"，"作为人类，相对于改变世界这一原子时代的神话而言，改变自我更能体现我们的伟大之处"[5]。考虑现实，例如，你想要反应更灵敏，但你在决策时却要搜集过多的信息或坚持多级赋权，这会导致你的决策速度变慢。这样的事实证明你缺乏真诚，因为你要求别人去做一些你不愿意做或做不到的事情。

因此，回到前面提到过的真诚领导力的属性，对照它们，思考你目前的状况。表 5.1 总结了这些属性。

表 5.1　真诚领导力的属性

属性	描述
强有力的道德指南针	有明确的是非观，并愿意据此行事
自我意识	了解自己的行为动力，了解你对自己和其他人的影响
客观公正地处理信息	能理智地分析数据和事件，不偏不倚地考虑各类信息，接受其他人的意见
开放和透明的关系	与他人分享信息，坦诚向他人求教

具备这些属性的领导者可为组织带来一系列好处。研究表明，领导者展现出这些属性能营造积极的文化氛围，能促使员工发挥出最大潜能，能提高员工的福祉水平和敬业度，使员工更相信自己的能力，这反过来会提高员工的工作效率，增强他们的责任感[6]。

但首先，领导者在上述四个方面的表现都要很出色。我们在本章讨论前两个属性，在第六章讨论后两个属性。

1. 你的道德指南针是什么？

你如何知道自己的个人价值观是什么？真正重要的是，你要清楚你所珍视的、不愿意妥协的原则和偏好，或者说你认为做哪些事情会挑战你的诚信感。你的价值观可能由生活因素和心理因素共同决定，前者如你的个性、信仰、早期的生活经历和经验，后者如促使你生存或快乐的因素。你的价值观会影响你的选择和你对是非及价值的看法。这里介绍一个可以界定你价值观的简单方法（如果你已经明确了你的价值观，那么运用这一方法可以进一步精炼它们）。

阶段一：考虑对你真正重要的是什么

考虑如下表 5.2 中列出的四个问题，它们涉及你的个人和工作生活，请尽量按自己的心意写出答案。

表 5.2　对你来说重要的是什么？

问题	在你的个人生活中	在你的工作生活中
1. 想想你一生中最引以为豪的决定，你为什么感到如此自豪？		
2. 想想令你后悔终身的决定，你为什么感到如此后悔？		

续表

问题	在你的个人生活中	在你的工作生活中
3. 想想你最快乐时的情形，你为什么会这样？		
4. 想想你最沮丧时的情形，你为什么会这样？		

若回答上述问题有困难，可从图 5.1 中寻找灵感，该图列示的词语对你很有帮助（存在一些重叠，这很好，因为单词之间意思的细微差别可能对你很有启示）。

成就	正直	优点
家庭	竞争	自尊
助人为乐	知识	提升和晋升
诚实	忠诚	责任和担当
友谊	安全性	声誉
权力和权威	地位	智力状态
解决问题	有意义的工作	影响力
内在和谐	财务收益	成长与学习
独立性	稳定性	素质
认可和尊重	效率	同情
创造力	卓越	隐私
领导力	金钱	自由
个人发展	明智	复原力
独立性	与他人合作	

图 5.1 一些可能的价值观

阶段二：列出一张简短的清单

现在，根据你在第一阶段的反应，列出五个或十个关键的原则或价值观。选择恰当的词汇或短语。通读这张单子，看看是否有遗漏，若有，请补充。如果你认为一些词汇或短语的含义一样，那么请将它们合并。

阶段三：排定先后次序

把每一个价值观写在一张单独的卡片或纸上，然后给它们排序。把你认为最重要的排在最上面，最不重要的排在最下面，中间放其他。要不断调整，直到最后排定你认为正确的次序。卡壳时，你可以选出两个进行对比，思考其中哪一个对你更重要。也可以考虑一个你需要做出的非常有挑战性的决策（例如是否要调动工作），想想你在做出这一决策时，哪个价值观更重要（这种方法很有效），将重要的那个放进你的清单中，当你认为 a）排序正确，b）去除了重复项时，请选出前三项。

阶段四：明确表达

最后一个阶段能有效地验证你是否真正确定了你的个人价值观。把排在前三位的价值观各写进一个句子里，句子的开头是，"在我的生活中，最重要的价值观是……"这句话听起来像真的吗？如果答案是否定的，那么就继续调整，直到它听起来像真的为止。如果排名第四的价值观也很重要，并且把它加进句子中后听起来非常真实，那么就把它加进最终的价值观名单里。接下来对至少两个人说说你的句子，看看他们的反应。可选择一位同事和一位私人朋友或家人，这样你就可以验证工作和非工作环境中的价值观了。同样，当对方感觉不对劲时，就调整它们，直到他们感觉对了为止。

现在你已经确定了你的道德指南针，即驱动你行为、你不会为之妥协的价值观，它们总结了你在生活中奉行的真正重要的原则。顺便说一句，如果你做完这个练习后，愿意对某些价值观做出妥协，那么你最好要反思一下，问问自己是否做出了真实的选择。根据我的经验，如果你愿意对最终选择的价值观做出妥协，那么你很可能是一个信奉实用主义原则的人，你认为只要目标合理，采取什么手段无所谓。但是，在你确定自己的生活原则之前，我怀疑你得不到他人的高度信任和忠诚。就价值观而言，实用主义会让你难以保持真诚。

现在你可以选择几种方法运用你的道德指南针，它们能帮助你成长为一名整合型领导者。例如，你可以对比你个人的价值观和所在组织的价值观（在实践中，这不一定是企业申明的价值观）。你的价值观和组织的文化价值观是一致的还是存在显著差异？如果是后者，你如何调和呢？

你可以和团队重复这一过程，讨论如何将你的价值观与员工和组织的价值观相统一，这样你可以了解其他人的偏好，而且为了加强协作，你可以适应他们的偏好。（我们将在第八章讨论协作主题，届时将进一步讨论这个问题。）

你可能还会发现，与你的伴侣或最亲密的朋友讨论你的价值观，有助于你了解他们对你的价值观及其影响的看法，了解你的价值观对他们的影响是积极的还是消极的，或者是二者兼具。例如，如果你非常重视独立性，你可能是一个魅力四射的人，但你可能缺乏分享之心。通过讨论你会发现，增进你们的理解非常有益，说不定你能从中得到启发，减少你的价值观对他人产生的负面影响。如果你们在分享个人价值观的同时，又探讨了如何互补或者如何做才能兼顾其他人的偏好，那么你们谈论的内容会更加丰富。

2. 你的自我意识如何？

具有明确的道德指南针或者说一套个人价值观是自我意识的重要组成部分。如果你知道驱动你做出选择的动力是什么，你将更好地管理你的决策以及与他人的互动，从而获得最佳结果。自我意识的另一部分是，知道你对他人产生的影响。

我特别相信这一点：心情是我们选择的结果。当一名领导者走进门口、拿起电话或坐下来开会时，他的动作会向其他人传递他认为什么是重要的信息。作为领导者，你要把自己想象成一个鱼缸。别人会观察你，会不断解读你的行为。显然，你的职级越高，这一规律在你身上适用的范围就越广。呼叫中心的团队领导者或分销部门的经理也体现了组织的价值观和领导气质，他们周围的人也会根据他们的所作所为解读重要的事项。

高效和真诚的领导者需要有高度的自我意识，它是我们现在所称的情商的一部分。近几年来，情商的概念非常流行。它是一种了解自己和他人情绪的能力，能引导你管理自己的思维和行为，进而改善你与他人的关系，最终收获更美好的结果。

情商高的人通常心理健康、工作效率高，而且更善于领导他人[7]。一旦你了解了自己和你做事的原因，情商就成了支配你反应的自我意识，而不是让你的反应支配了你。当你压力增大且发现有忽略初衷的苗头时，它是你高效行事的关键。

关注情商问题的出版商罗西马丁（RocheMartin）提出了情绪资本模型（见下文的情绪资本能力），这是一个研究领导者情商的实用框架[8]。该模型是在广泛分析了这一领域的研究后得出的，我们可用它来分析领导者展现出高情商需具备的能力。

情绪资本能力

1. **自我认知**：能够认识到你的情感和情绪如何影响你个人的看法、态度和判断。

2. **自信**：尊重和喜欢自己，对自己的技能和能力充满信心。

3. **自立**：对自己负责，具备支撑自己的判断和自主做出重大决策的情感力量。

4. **直率**：能够坦率地表达自己的感受和观点，尊重他人可能持不同意见或期望的事实。乐于对其他人的观点提出质疑并给出明确的信息。

---

5. **自我实现**：管理自己的情绪并有效地维持工作/生活平衡的能力。能出色地设定具有挑战性的个人和职业目标，热情能感染他人。

6. **人际关系技巧**：掌握建立并维持积极的协作和回报关系的诀窍。

7. **同理心**：能够把握好商业环境中的情绪维度，能与他人产生共鸣。

8. **适应性**：根据不断变化的环境调整自己的思维、感受和行动。宽以待人，接受新思想，考虑不同的观点。

9. **自控**：能控制自己的情绪和行为，能理智地思考。面临压力时保持冷静，不会情绪失控，能保持工作效率。

10. **乐观**：即使身处逆境也能感觉到新机遇的能力。抗压能力强，顾全大局，知道要去哪里，并且专注于可实现的目标。

纽曼（Newman）[7]

具备上述所有能力非常困难，我发现，一些领导者在某些方面具有优势，在另一些方面则弱一些。你至少从中可得到三点启示：

1. 发挥自己的优势，从能够胜任处入手。但重要的一点是，你要意识到，过度发挥优势可能会损害绩效，例如自信过头会变得傲慢，此时，你就不愿意听取不同意见了。

2. 在弱项上要多加努力，因为它们可能是你行为中的盲点，会阻碍你前行。例如，你不太有同理心，可能表现得很冷漠，认识不到其他人情绪的重要性。

3. 要建设一支具备各种能力的团队并重视成员之间的差异，这样才能实现优势互补。就上面的例子而言，你可以在团队中安排比较有同理心的成员，以此了解成员的感受，进而能更好地鼓舞和激励他们。

我合作过的一个管理团队就是这种情况。CEO 特别自信和自立，但同理心和人际关系技巧较弱。她特别重视绩效，而且总是身先士卒，然而，她并不擅长激励其他人。幸运的是，在她的团队中，有两位同事具有强烈的同理心，我经常请他们代表其同事描述团队决策对企业其他人产生的影响。

CEO 意识到问题后，迅速地做出了调整。许多问题由整个团队的人讨论解决，这样，富有同理心的同事觉得他们更有价值了，他们的看法更能得到认可了，团队绩效也因此得到了改善。当他们参与了企业内一个重要的改革项目时，他们对整个企业产生了极有益的影响。在此过程中，这位 CEO 提高了自我意识，在与同事们打交道、了解其他人的感受时，她也开始注意自己的言行了，这大大提高了她的信誉和影响力。

因此，了解我们的情绪资本能使我们以更加真诚有效的方式管理他人，这通常更符合组织的价值观。情商为领导者建设以价值观为基础的组织提供了支持，因为领导者的行为是这些价值观在实践中的真实体现。

3. 正念

正念是心理学家受佛教启发提出的一种专注于"现在"的方法，它能帮助人们更好地了解自己的情绪。就领导者而言，正念能增强他们的复原力，进而帮助他们成功地应对工作生活中面临的压力。

目前，正念非常流行，有很多应用程序、网络课程和书籍指导你专注于"现在"，提高心理健康程度，据称，它能增强心理灵活性、意识、复原力，能促进决策、学习和提高绩效。它与情境意识有关，我们将在下一章讨论此问题。

许多知名公司为员工提供正念培训，包括苹果、宝洁（Procter& Gamble）和麦肯锡（McKinsey）等公司。运用这种方法时，人们可暂时放下忙碌的工作，花时间静心冥想，最终会提高工作效率。

以下是莱奥·巴波塔（Leo Babauta）[9]提出的一些发人深省的提示，你可以运用它们缓解日常压力，而且，运用它们会使你在与他人互动时显得更加真诚。

1. **一次只做一件事**。一次只完成一项任务，不要同时做多件事情。倒水时就只倒水，吃东西时就只吃东西，洗澡时就只专心洗澡。不要在吃饭、洗澡或开车时做其他事情。禅宗谚语说：行走时，专心行走；进食时，专心进食。

2. **行事不慌不忙**。你可能一次只做一件事，但你也可能是急匆匆地做完的。不要这样，要慢慢来。你要从容地用心去做，不能匆忙地随意去做。做到这一点需要你多加练习，它能帮助你专注于手头的任务并做好它。

3. **做少量事情**。事情少时，你可以慢慢地做，心无旁骛地做，可以做得更彻底。如果你每天有一大堆事要做，那么你会忙得焦头烂额，无暇思考你在做什么。要确认重要的事项，剔除无关紧要的事项，这一点非常重要。

4. **在各项任务之间留出空间**。这与上一条"做少量事情"的规则有关，但它是一种管理日程安排的方式，可以确保你有时间完成每一项任务。不要把任务都安排在一起，相反，要在你的日程安排中留出空间。如果一项任务耗时比预计的长，或者有一些事项很重要但未列入计划，你可以利用日程安排中的空余时间完成它们。

5. **每天至少花五分钟时间专心静坐**。了解你内心的想法，专注于你的呼吸，注意你周围的世界。享受静寂和静止的感觉，享受美好的世界。

6. **不忧未来**。专注于现在，更关注自己内心的想法。你常常为未来担忧吗？了解自己什么时候会担忧未来，试着把自己拉回现在。只关注此时此刻在做的事情，享受当下。

7. **与他人说话时，关注当下**。有多少人在与他人共度时光时一直在思考未来应该做什么，或者在考虑接下来要说什么，而不是真正地倾听对方说了什么。专注于当下，真正地倾听，真正地享受与对方在一起的时光。

　　我们生活在节奏快、负担过重的世界里，我们在脸书上有很多朋友，在领英上有很多联系人，但上述几点提醒我们，我们建立的关系的质量远比数量重要，少即是多。

27

建设以价值观为导向的文化

从组织的角度考虑如何创造以价值为导向的文化，或者更准确地说，考虑如何提高价值观对文化的引领程度非常有益，原因就在于，整个企业的人拥有统一的价值观可为每个人和团队的行为提供明确的参照点，这最终会影响客户在与组织打交道的过程中获得的体验。

当你的价值观在组织的文化中得到了体现时，人们就有了统一的行为准则，他们增加授权、协作和学习时就有了基础。这一准则指明了组织的偏好，指明了特殊情形下人们做什么是正确的，这样他们就能根据一套统一的原则做出决策，进而推动你的企业和客户获得出色的绩效。

结合上一章的内容可知，组织内的人具有明确的共同目标和方向感时，他们就有了一个强大的框架，在这一框架内，整合领导变得更加接地气和有价值。身为领导者，你要促使组织整合起来、理智地下放决策权，促进各职能和业务部门间的通力合作，这样可以提高端对端流程的效率，使组织适应不断变化的环境，而且客户也会做出正确的事情。这是一个自由框架。

在我的研究中，我发现这一框架是成功引入其他工作方式的先决条件。没有它，运用这些方式可能适得其反，因为当人们没有明确的目标、愿景、战略和价值观时，他们就无法在高度自由却又不失凝聚力、不降低效力的情况下进行操作。强大的共同愿景、目标和价值观为"确保人们出于共同的目的精诚协作"[10]提供了一个理性兼感性的框架，它指引了共享性战略和行动的方向，体现了明确的意义意识，提供了明确的行为准则。

以价值观为基础的领导力为整个组织的人提供了一个行为框架，指引他们以符合原则和道德的方式实现愿景和目标。总之，这些因素能让所有人都明确组织的"任务式指挥"[11]，能让他们在符合组织总体目标和价值观的基础上自由地操作。

除了极权主义政权这样的极端情况外，强加统一的文化价值观很难。文化价值观随时间的推移出现和发展，身为领导者，我们要做的是，根据我们的目标方向支持相应的价值观，为此我们要确保我们的目标方向明确、吸引人，而且契合我们的共享背景。

以英国的移动运营商 EE 公司为例，该公司由英国的T-移动公司（T-Mobile）和橘子电信（Orange）合并而成。合并后，EE 明确表示，"胆大敢为"是公司的共享价值观之一。这一价值观很明确，简单地指明了公司对一类行为的支持，打动了很多人的心。因为这一价值观显示出，企业具有远大的抱负，将踏上令人兴奋的旅程，而且它也很契合公司的特征，因为移动通信行业的竞争异常激烈，合并后公司需要迅速在消费者心目中树立积极的品牌形象。这一价值观也引起了员工的共鸣，并帮助 EE 公司创建了一种雄心勃勃、胆大敢为的文化，这有助于提高公司的竞争效力。

那么，像 EE 这样的公司如何让全体员工认同并践行共享价值观呢？答案必定是多种多样的，但我建议，你可以通过两种方式提高你组织的价值观在实践中的落实程度：一是让组织里的人明确价值观的含义；二是让领导者在日常工作中率先垂范。

1. 明确价值观的含义

研究表明，明确个人和组织价值观的过程本身就会对员工的敬业度产生积极的影响[12]。清楚个人价值观和组织价值观的人的敬业度最高。然而，研究也表明，简单地了解组织的价值观并不会自动促进员工的敬业度，个人还要清楚个人价值观与组织价值观之间的关系。把个人价值观和组织价值观联系起来的行为，能够提高员工的敬业度和组织的绩效。

价值观会影响我们的决策。在动荡、不确定、复杂和模糊（VUCA）的环境中，它们能指导我们的行为，因此它们是赋能因素。作为领导者，你要清楚自己的世界观，并在生活中践行它们，这很重要。你也要让其他人明确他们的价值观，并让他们在组织的文化价值观背景下践行个人价值观，这也很重要。

真诚的领导者首先对组织的价值观有清晰的认识，如果组织没有明确的价值观，比如公司合并后出现的情况，那么，领导者要与公司里的所有人一起确定它们。对价值观的描述要让组织内各个层级的人产生共鸣。由领导者告知员工按什么原则操作是效率低下的方法，价值观不明确时，领导者与员工一起确定它们是更有效的方式，要让所有的利益相关者（客户、同事、投资者等）都参与讨论。

共享价值观要体现在你和其他领导者的行为方式中，体现在你们营造的氛围中，体现在管理者与团队的互动及决策的制定方法中。忠于自己的价值观，综合运用各种方法，你能创造出一种互相信任和尊重的环境，这能提高你赋权、协作和领导变革的能力，我们将在本书后面的章节中探讨这一主题。

正如我们在前一章讨论的，目标和方向涉及组织如何界定其使命，它们赋予了每天工作的人以意义，而且它们是以未来为导向的，指明了组织要去哪里及其原因。

真诚性事关企业当前的运作模式，包括其文化、行为和决策方式，利用它能创造一个基于价值观（例如信任和尊重）的环境。如果你奉行道德实用主义原则，那么你很难建立相互信任和尊重的文化。确定这些价值观并将它们嵌入组织的 DNA 是整合型企业发展的基础。如果组织内部的人互相不信任或个体优于集体或领导攥着权力不放手，其他因素几乎不可能发挥作用。

要完成转变，首先要知道怎样才能让组织中的人对你的文化价值观产生共鸣，并在此基础上探讨和理解它们，将它们视为行动指南。这涉及企业的方方面面，例如价值观会影响员工体验的每个接触点，包括从招聘和留任到薪酬和福利等，要让每个人都清楚成功的标准是什么。

如果标准仅包含最终的结果，例如"你必须在 Y 日之前实现 X 目标"，没有提及具体的方式方法，那么就不会有人关心他们如何取得最终结果了。要把你的价值观及相关行为嵌入到管理人们绩效的方式方法中，这一点也很重要，因为这样做可遏制你过度重视他们的工作结果。

2. 领导者率先垂范

个人与组织的价值观保持一致很关键。我曾与一家大型国际银行合作过，该银行希望回归到其创始人奉行的道德要求高、乐于助人的价值观。我们与该银行的高层领导举办了多次研讨会，通过一系列道德困境来审视其价值观，比如：人们在特定的情境下如何行为，他们立即知道做什么还是一段时间后才知道做什么？他们能从中得到什么？我们的研究表明，人们对工作中道德决策的态度与他们对家庭内正确决策的态度截然不同。

人们在家庭内几乎没什么道德意识，出现在工作场所的人和早上起床的那个人不一样。我们帮助领导者统一了这两个方面，以此确保高层领导者倡导的价值观能在更广泛的管理团队中扎下根。

领导者要成为真正的榜样，就要公开阻止违背价值观的行为。如果正直诚信对组织至关重要，那么所有高层管理人员的行为都必须反映出这一点。如果有人不这样做，领导者必须敢于出面，强烈建议他们这样做。不仅如此，领导者还要采取措施遏制违背价值观的行为。我记得一家大型零售商的负责人在接管公司不久后就在前 50 名股东出席的大会上明确表示，如果有人不认可公司的价值观，那么他们就不应该呆在这家公司。人们必须通过行为和言语了解什么是适宜的，理解它并将其内化，这样他们才会有真诚的表现。

价值观、文化和敬业度之间存在密切的联系。英国政府资助并于 2009 年公布的麦克劳德报告（MacLeod report）[13]综合了各种研究资料后得出的结论是：员工参与度主要受四个方面的因素推动，它们是：

◆领导层要确保强大、透明和明晰易懂的组织文化，组织文化要能确保员工的工作与组织的愿景和目标一致；

◆ 管理者能澄清模糊之处，理解员工付出的努力和做出的贡献，根据员工的特点对待他们并高效地完成组织工作，让员工有被重视的感觉，而且他们会为员工的工作提供条件和支持。

◆ 员工认为他们能够就工作方法和本部门的决策表达自己的看法，领导者会倾听他们的意见，他们会分享遇到的问题和挑战，并努力寻求联合解决方案。

◆ 员工们都相信组织在践行其价值观，他们遵守符合价值观的行为规范，这促使了相互信任和正直诚信感的产生。

这几个因素涉及组织（文化和价值观）、管理者、工作本身和员工影响组织的能力。作为领导者，你要（与你的领导者同事们一道）确认这些因素，并为每位同事带来富有吸引力、能提高生产力和增强责任感的强大体验。第一个因素说的是，你要成为他人学习的榜样；第二个因素描述了更广泛的管理者和基层管理者关系对员工提高参与度的重要性；第三个因素说的是，你要倾听员工的意见；第四个因素说的是要践行价值观。这听起来很简单，而且从一定程度上看确实比较简单。

当你要在这些重要事项和其他似乎更紧急、更重要的任务之间做出选择时，麻烦就来了。近年来，我有幸与几位首席执行官共事过，他们执掌着非常成功的企业。他们称，这些事项实际上比其他任何领域都重要。他们并不关注某些人眼中更具战略性的问题，例如做交易或管理财务或销售细节，而是把时间留给了员工、领导团队和组织文化。其中的一位领导者通过努力，把公司从业内遭受投诉最多的公司转变成遭受投诉最少的公司，另一位则大力推进国际业务的增长，在经济衰退期间，该公司的利润增长率高达两位数。他们的企业都非常成功，员工们都很敬业，股东的投资也有所增加。

联合利华的首席执行官保罗·波尔曼（Paul Polman）在接受《麦肯锡季刊》采访时，谈到了他在三家大型消费品公司任职时的成功领导经验[14]。当被问及管理者应汲取的关键教训时，他回答说：

> "我认为首先要确立目标和价值观，这非常重要，而且从我的职业生涯来看，如果个人的价值观与组织的价值观相一致，那么个人更可能取得长期的成功。否则，个人在工作场所内就成了演员或者人格分裂的人。我们都知道，当价值观一致（出色的工作场所）时，工作和生活之间的平衡会越来越变成生活的平衡，工作只是生活的一部分。所以这一点非常非常重要。"

28

伦理型领导

关于价值观，我再多说两句。如果你正在想方设法提高企业内部的真诚水平，那么考虑你的领导实践有多符合伦理是有好处的。伦理型领导与真诚型领导密切相关，卡尔肖文（Kalshoven）等人在 2011 年提出的"有效的伦理型领导工作问卷"为确认伦理型领导的含义提供了有益的参考[15]。表5.3 列示了符合伦理型领导的行为。

表 5.3　伦理型领导核验清单

伦理型领导因素	描述
公平	不偏不倚，一视同仁，做出选择时坚守原则、公平无私
权力共享	做出决策时允许下属发表意见，倾听他们的想法和关切的问题
角色明确	责任、期望和绩效目标明确
以人为本	关心、尊重和支持下属
正直诚信	言行一致，信守诺言
伦理上的指导	宣扬伦理观，解释伦理准则，鼓励和奖励符合伦理的行为
关注可持续性	爱护环境，促进资源的循环利用

来源：卡尔肖文等[15]

若现在从这些方面对组织或团队进行评估，你可能获知从哪些方面着手能提高伦理水平，这反过来有利于促进企业向真正的真诚型企业转变。我鼓励你本人和你的团队去探索能促进伦理型领导在实践中发挥效力的方法，并据此采取行动。

29

案例研究——玛莎百货的价值观和真诚性

在过去的 130 年里，玛莎百货（M&S）从一个小摊位成长为业务遍及全球 50 多个地区的国际多渠道零售商，目前员工人数超过 85000 人。公司最初的价值观是质量、价值、服务、创新和信任，现在，其价值观已演变为启迪、联系、诚信和创新。

嵌入持久的价值观

公司于 2007 年推出了伦理和环境计划（A 计划），旨在吸引员工、供应商和客户的参与，目前该计划已成了公司日常经营的一部分。由于该公司的目标是成为世界上最具可持续性的零售商，即做到负责任地采购、减少浪费和帮助社区，这一计划也持续得到了更新。

坦尼斯·道奇（Tanith Dodge）是玛莎百货的人力资源总监。她认为，企业从全球金融危机中得到的一大教训是：强大的价值观对企业的成功至关重要。她说："做正确的事情比以往任何时候都重要。价值观和真诚性应该居于企业的核心。领导者在履行企业社会责任的同时，还要做到正直诚信，建设信任文化。"

领导能力建设

从玛莎百货的价值观中也能看出该组织的领导思路。近年来，为应对客户不断变化的需求和经济衰退的挑战，企业实施了重大的变革。作为转型计划的一部分，玛莎致力于培养高级领导者在当今竞争激烈且难以预测的市场中推动企业发展的能力。

为实现这一目标，玛莎推出了颇具挑战性和创新性的领导力提升计划，鼓励领导者加大对客户的关注程度。一切进步和发展都得益于玛莎独特的工作方式——反应灵敏、通力合作、发扬创业精神和崇尚简单。

计划 A 的原则也内嵌于领导力提升计划中。玛莎百货与慈善机构和社区群体开展合作，提供互惠互利的学习机会，许多学习内容都极具颠覆性，它们促使领导者应对令人不适的情形，鼓励他们转变思维。这导致公司内产生了更大的创新。

玛莎通过引入数字技术进一步摆脱了传统的课堂学习模式，例如领导者可以在交互式门户网站上开展协作、学习和管理自我提升过程。

坦尼斯说："我们在玛莎百货建设了更加整合的领导力，

我们开发了与玛莎品牌的核心价值观和属性相一致的领导力。形成这些有意义的联系能激励领导者领导变革，同时还能提高生产力、节省成本。"

实现共同的目标

坦尼斯也热情地谈及了共同的目标对公司提供流畅的客户购买体验的重要性："你必须有共同的目标和方向，这样公司的所有部门才会联合起来形成一个强大的联盟，推动美好结果的产生。共同的目标不是来自高层，而是来自整个企业。我们希望，客户无论是在网络上购物、通过移动设备购物还是在实体店内购物，都能获得美好的体验。在数字时代，客户能随时随地对我们做出快速的反应，我们生活在一个史无前例的时代，一切都加快了。"

此外，玛莎百货还确认了符合其核心价值观的一系列行为。坦尼斯说："我们对工作充满热情，我们发自肺腑地相信我们正在做正确的事情，因此正直诚信和相互信任绝对是很关键的。我们的协作文化源于共享价值观、共同的目标和方向、决策权的下放、良好的沟通和获得授权的敬业的员工。"

整合领导力

自省问题

在继续阅读下一章之前，思考下列问题可能对你有帮助。可做一些笔记，以便你考虑应把主要精力放在整合领导力的哪些方面时进行参考。

◆你想成为什么样的领导者？

◆如何与组织的目标和方向保持一致？

◆你是否真正了解自己的价值观和激励你的因素？

◆你能否说清楚身为领导者的你与组织中的其他人之间的关系？

◆你的行为和领导目标是否一致？

整合型领导者核验清单：

1. 领导者的所作所为决定了人们是否相信领导者和组织。

2. 明确价值观，对价值观不妥协，向他人展示可参照的行为标准。

3. 理解情商可以帮助我们按自己的价值观和其他人信任的方式管理自我。

注释

1 Schein, E. (2004) *Organizational Culture and Leadership*, San Francisco, CA: Jossey-Bass.

2 Williams, R. (2010) ' The erosion of trust and what to do about it', *Psychology Today*; 26 December, 1, **www. psychologytoday. com/ blog/ wired-success/ 201012/ the-erosion-trust-and-what-do-about-it**(accessed 16 June 2015).

3 Walumbwa, F., Avolio, B., Gardner, W., Wernsing, T. and Peterson S. (2008) ' Authentic leadership: development and validation of a theory-based measure', *Journal of Management*, 34(1), 89-126.

4 Ulrich, D. and Smallwood, N. (2006) *How Leaders Build Value: Using people, organization, and other intangibles to get bottom-line results*, Hoboken, NJ: Wiley.

5 From ' Gandhis-top-10-fundamentals-for-changing-the-world' , **www. positivityblog.com**(accessed 17 June 2015).

6 Ryan, R.M. and Deci, E.L. (2001)' On happiness and human connections: a review of research on hedonic and eudaimonic well-being', *Annual Review of Psychology*, 52, 141-166.

7 Newman, M. (2008) *Emotional Capitalists*, Chichester: Roche Martin.

8 Newman, M. and Purse, J. (2011) ' Emotional Capital Report,' Melbourne: RocheMartin.

9 Babauta, L. (2009) ' The mindfulness guide for the super busy: how to live life to the fullest', **http://zenhabits.net/the-mind-fulness-guide-for-the-super-busy-how-to-live-life-to-the-fullest/** (accessed 16 June 2015).

10 Leithwood, K. and Mascall, B. (2008) ' Collective leadership effects on student achievement', *Educational Administration Quarterly*, 44(4), 529-561.

11 Bungay, S. (2011) *The Art of Action*, Boston, MA: Nicholas Brealey Publishing.

12 Posner, B.Z. and Schmidt, W.H. (1993) ' Values congruence and differences between the interplay of personal and organizational value systems', *Journal of Business Ethics*, 12(5), 341-347.

13 MacLeod, D. and Clarke, N. (2009) ' Engaging for success: enhancing performance through employee engagement', A report to government; **http://www.engageforsuccess.org/wp-content/uploads/2012/09/file52215.pdf.** London: Office of Public Sector Information.

14 McKinsey & Company (2009) ' McKinsey conversations with global leaders: Paul Polman of Unilever,' *McKinsey Quarterly*, October, 7.

15 Kalshoven, K., Den Hartog, D. and De Hoogh, A. (2011) ' Ethical leadership at work questionnaire(ELW): development and validation of a multidimensional measure', *The Leadership Quarterly*, 22 (1), 51-69.

第六章

整合关系

在本章中，我们将探讨如何利用真诚型领导力加强联系。我们首先考察如何建立开放和透明的关系，并由此提高关系建设的质量，可采用的方法主要包括：

◆ 运用情商

◆ 以目标引领他人

◆ 了解他人眼中的自己

◆ 向他人敞开心扉

◆ 利用反馈的力量

真诚型领导力的最后一个因素是客观公正地处理各种信息，它能引导你树立情境意识，进行真诚的对话和有效地管理冲突。最后，我会列出一些问题助你理清重要的关系。

在停车场的一辆轿车内，穆罕默德正紧握着方向盘，透过挡风玻璃望着天空。他非常沮丧，内心如翻江倒海一般。他实在无法理解同事们何以如此敏感，下午发生的一幕幕情景再次浮现在他眼前。

他心情愉快地去参加网站项目审查会议，希望能就新网站的进展与同事们进行商讨，他也很乐意帮助团队成员解决他们遇到的任何难题。他一再告诉同事们，项目截止日期不能延后，而且他认为在期限内完成任务没什么问题。

他与项目经理约翰和首席开发师玛丽会面时才发现，他们的项目进度至少比计划落后两周，而且未来几周的进展可能会更缓慢。约翰一直在谈范围蔓延的问题，而玛丽似乎只关注她的团队成员承受的压力太大了。穆罕默德试图说清楚问题，但他们似乎没有听他说话。在他提高音量后，约翰安静了下来，玛丽则盯着地板，他们似乎很难过，穆罕默德觉得这很讽刺，因为他觉得自己才应该是那个感到难过的人。他告诉他们要及时解决问题，最终会议只持续了半个小时就匆匆结束了。

这个项目对穆罕默德非常重要，对整个团队也非常重要，因为它很引人注目。穆罕默德还知道，公司的 CEO 本人很想看到网站在交易高峰期顺利投入运营，然而他觉得约翰和玛丽没有真正理解这一点，而且他们下午离开会议室时也没有理解。穆罕默德坐在车里，思考着如何才能让这些人明白他的苦心。

30
向外看

我们在前面的章节中讨论了共享价值观如何推动行为，进而促进文化建设、提高绩效和改善客户体验的问题。作为领导者，你至少要在一定程度上为其他人设定基调，而且，如果你能影响周围的人，与他们共享积极的价值观，那么你很容易建立以客户为中心的文化。我说"在一定程度上"是因为，最佳的情形是，你和你的同事对理想企业的行为标准互有期望。

例如，如果你们都重视设计质量，而且你们都无法容忍对方做出妨碍优秀设计的行为，那么你们的工作方式就是整合的，而且更有可能激励彼此取得设计上的突破。因此，领导者的职责是促成这样的整合，不把自己视为价值观的唯一守护者。

正如我们在上一章中看到的，如果你没有在日常行为中体现价值观，那么其他人也很难做到这一点，这就消除了共享价值观的可能性。但是，如果我们清楚什么重要，而且有足够强的自觉性，能够以价值观约束自己，那么我们就有机会创造一个良好的环境，在这样的环境里，价值观是优秀文化的共同基础。

在本章中，我们将探讨真诚领导力的另外两个方面：建立开放和透明的关系以及客观公正地处理各种信息。我将介绍一些技巧来帮助你检验你与他人之间关系的效力，我还将讨论如何听取并公正地考虑相互对立的观点，在此基础上建立联系，进而建设公平和诚信的文化。作为一名整合型领导者，你需要了解其他人重视的是什么，不能把自己的意志强加给他们。

这一点为什么很重要？整合型领导依赖于客户、同事和领导者之间的高度信任。咨询公司韬睿惠悦（Towers Watson）在"全球劳动力研究"（Global Workforce Study）[1]中指出，79%的员工将信誉视为领导的头号属性。

31

建立开放和透明的关系

1. 在人际交往中提高情商

我们在上一章中讨论了情商的重要性，也讨论了以价值观和情绪指导思维和行为的重要性。现在我们将讨论另外两个问题：社会意识或者你了解他人情绪的能力；关系管理或者你利用对自己的和对其他人的情绪的认识成功地把控互动的能力。两者都是建立和维持高度信任的关键。

回顾第五章中有关情绪资本能力的描述，这有助于提高你的情感触角对关系的敏感度。根据我的经验，了解和接受他人眼中的自己是个漫长的探索和发现过程，需要得到周围人（特别是你信任的人）的多次反馈，需要与他们进行讨论以及自省。至少对某些人而言，这里存在一个固有的矛盾：作为领导者，你每天都要表现出承担责任和接受失败风险的意愿，然而，与此同时，你也需要保持谦虚和无私，要倾听其他人对你的看法，并评估你的行为对他们的影响（即使你对自己做出这样的行为有很充分的理由）。当然，你这么做是很值得的。你可以先自省一些问题，比如：

◆ 你如何理解自己和其他人的动机？

◆ 你多久要求别人反馈一次？

◆ 压力之下你的情绪和行为如何？

◆ 压力之下哪些方法可以帮助你保持冷静和克制？

◆ 你每周愿意抽出多少时间来反思你的领导效率？

◆ 你是否愿意以能实现企业和相关人员最大利益的建设性方式解决冲突？

作为领导者，你可能已经具备了较强的社交能力，但思考上述问题可能对你大有裨益，因为它们能促使你更上一层楼。你自己要多思考思考这些问题。

提高团队的参与度

与团队一起探索如何增强彼此的互动，促使其他人萌生积极的、被重视的感受，这样的做法可能成效显著。为了增强信任、深入了解彼此，最终提高绩效，请与团队成员一起完成下列活动。

首先请人们暂时忘掉理性思维，然后回答下面的全部问题，或者有选择地回答：

当……时，我热爱它

当……时，我状态最佳

当……时，我感觉备受重视

当……时，我干劲十足

当……时，我状态最差

当……时，我很沮丧

当……时，我最开心

当……时，我感受到了威胁

当……时，我觉得很满足

可以依次讨论每个问题，这样你们能听到每个人对同一问题的回答，你们的讨论也会更加深入。或者每个人可以一次性说出所有问题的答案，这样你们可以更全面地了解每个人的想法。也可以采用游戏的方式，将每个问题写到一张卡片上，然后随机翻阅卡片，翻到哪个问题就讨论哪个问题。无论采用哪种方式，你们的主要目标是深入了解每个人的动机，这种方法在考虑某些特定的问题时很管用，它能让你清楚地了解其他人重视什么。

你也可以与同事讨论这些问题。你们可以开展较为坦诚的对话，阐述自己的观点并倾听对方的看法。在与高级领导团队打交道的这 25 年里，我很少遇到经常主动开展这种讨论的团队。通常情况下，需要针对这些问题专门召开会议，此时人们才会坦诚深入地交流，而且团队的人经常发现，一旦他们回归日常工作，就很难继续这样开诚布公地进行讨论了。但我发现，也有一些团队确实培养了坦诚对话和让员工表露真情实感的技能，这样的团队往往能够提高信任水平、凝聚力和绩效。我们将在下一章讨论如何建设更加整合的团队。

了解和利用你的感受

提高情绪素养能促进你与同事、客户和其他利益相关者之间的对话，了解他们的感受和客观事实。但首先你应当想想自己的感受，这样你才能了解并精确地描述它们。例如，试着说出以"我觉得"这三个字打头的短句。有意思的是，我们有时候会以"感受"词汇来描述想法，例如"我觉得……"或者"我觉得好像"，它们通常描述的是我们思考的内容。因此，为了避免混淆，要区分想法和感受。在描述你的感受时，请以"我觉得"三个字打头，后面接一个形容词，比如生气、受伤、快乐或高兴。

说出感受、不针对他人和具体的状况是很有益的做法，要说"我觉得无法容忍""我觉得很受伤"而不是"这很荒谬""你麻木不仁"。你只是在表达自己真实的感受，并没有暗示错在他人。如何表达自己的感受非常重要，例如，"我觉得很沮丧"要比"你让我很沮丧"好得多。

你可以运用自己的感受设定和实现目标。回答"我这么做时会是什么感觉？"和"我不这么做时会是什么感觉？"这类问题会使你与目标建立情感联系，你可以通过询问其他人"你现在是什么感觉？""当我们实现这一目标时你是什么感觉？"或"怎样才能让你感受更好？"达到同样的效果。这种做法能鼓励其他人与未来的结果建立联系，可能提高他们实现目标的积极性。你也可以通过定期了解他人的感受来激励他们提高参与度，例如可询问同事或同行，他们受鼓舞的程度有多高（范围为 0 ~ 10），怎样才能达到 10 级的鼓舞程度。你能从他们的回复中得到很多启示，了解如何才能提高参与度和加速实现目标。

重要的是，你要记住这一点：你如何对你的感受做出反应可能直接影响你的沟通效力。例如，你感到愤怒和不安，如果你对这样的感受做出了真实的反应，而且你清楚自己的恐惧和欲望，那么你就可以"利用情绪力量"帮你鼓足干劲，采取富有成效的行动，将情绪变成实现目标的动力。或者你也可能被愤怒冲昏了头脑，做出了冲动莽撞的行为，阻碍了你作为领导者的沟通效力。

确认他人的感受

确认他人的感受很有用。可以简单地询问同事们的感受，表达出对他人感受的同情、理解和接受，你这样做是在表示对他们的尊重，而且当你一直这么做时，他们会更加信任你。可以提出这样的问题："如果我这么做，你是什么感觉？"或者"如果我不这么做，你是什么感觉？"这么做表明了你在做决策时有多重视他们的感受。

做一名教练

最后，要在工作中避免对能力出众的同事指指点点，不要体现出"指挥控制型"领导风格，不要过多地批评或评判他人。根据我与各行各业的领导者共事的经验，我发现运用教练式风格能使领导者持续洞察员工的感受，以及在未来更有效地管理员工。运用这种风格时，你要提出相关的问题、向员工提供支持并促使他们反思自己的行为产生的后果。关键在于，你自己要有很强的自我意识，要建设高质量的关系，要在这些方面发挥模范带头作用，这样才能对与你共事的人产生积极的波及效应。

2. 以目标引领他人

这与我们在第五章讨论过的在个人和企业身份之间建立联系的重要性有关。做有意义、有价值的事情是个人真诚性的表现，故而个人和企业身份之间具有了某种关联。如果你只讲究实效和机会，对工作的重要性没有深刻的认识，那么其他人就会认为，他们只是你实现目标的工具。你必须说清楚工作的重要性，还必须说清楚你的目标和你在乎的事项。

比尔·乔治（Bill George）[2]是研究真诚型领导力的权威之一，他认为，对领导者最有效的考验是，看他们能否凝聚人心，能否获得可持续的成果。要取得这样的成功，领导者就必须真正展现出个人价值观。领导者的个人价值观是由领导者的信仰塑造的，而且经过多年的反省和与他人的交流，领导者的价值观会不断得到完善。他认为，验证真诚型领导者的价值观不是看他们说了什么，而是要看他们如何在压力下行事。如果领导者不忠于他们所宣扬的价值观，他们所追求的他人的信任感就会被打破，而且信任感一旦失去，再赢得就很难了。

我们如何识别真诚型领导者呢？乔治认为，这类领导者通常会表现出以下五个特征：

1. 充满激情地追求自己的目标

2. 践行可靠的价值观

3. 用心领导

4. 建立整合的联系

5. 严于律己

为了最大限度地发挥你的领导效力，你必须首先确定你的领导目标。要做到这一点，你需要了解是什么激发你成为今日之你。如果你过去没有这样做，那么试着写出你担任领导之职的原因，以及领导别人对你意味着什么。乔治认为，如果你没有目标感，没有激情，那么你可能成为自视甚高和孤芳自赏的人。

这呼应了我们之前对组织目标的讨论。当一个组织不清楚它存在的原因，或者不清楚它对社会和利益相关者做出的除利润（毕竟利润只是一个结果）之外的贡献时，其文化可能受到贪婪和自利的短期动机的影响。这反过来会导致不道德的行为出现。近年来，我们看到，银行和其他行业里的不道德行为加剧，这导致组织与其广泛的利益相关者群体和社会之间的信任关系崩塌。

> **提问"如何"的重要性**
>
> 大企业擅于阐明它们想要实现的目标是"什么",无论是财务目标还是客户目标,但它们常常忘记阐明"如何"实现这些目标,这个问题更重要,而且价值观在其中发挥着重要的作用。
>
> ——马克·史蒂文斯(Mark Stevens),远见金融公司 CCD 总经理

3. 思考你如何了解他人眼中的自己

埃里克·伯恩(Eric Berne)在《人间游戏》(*Games People Play*)[3]一书中首次分析了领导者和群体之间的关系和互动模式。他以父母、成人和儿童风格为基础建立了自我状态的理论框架,并以医学从业人员能够理解和运用的方式描述了互动的性质。

伯恩的成人自我状态强调的是对信息客观公正的处理,以及领导者和下属之间进行开放透明的互动,这些方面在之后问世的有关真诚领导力的著述中皆有反映。伯恩的理论是我研究中使用的理论框架的重要组成部分,它也在实践中得到了广泛的应用,对改善员工、群体和整个组织之间的关系大有裨益。

伯恩所称的自我状态(父母、孩子和成人)体现在我们的言行中。确认自己和他人行为中体现的自我状态有利于你

与他人建立更加真诚的关系，增进你对许多互动动态的理解，促使你考虑自己和他人的需求，并做出适当的反应。同样，适应型领导也强调在行动前做出可靠判断的重要性[4]。

父母自我状态由个人心里对强加的、公认的外部事件的一套记录组成。大部分记录与我们的父母或似父母的人（如老师或导师）有关，是我们通过经验或观察他们的言行获得的，包括与鼓励、爱护、惩罚和规则有关的言行。伯恩认为，这些记录是永久性的，无法被删除。它们会伴随我们一生，不时地发挥作用，影响我们的行为（尽管影响程度因人而异）。

当成年人处于父母自我状态中时，他们喜欢做出判断、实施监管，行事保守，也能提供支持和帮助。他们重复着过去听到的或看到的事情。有些人行事像父母一样，例如他们使用这样的口头表达："永远，永不""多少次了（我告诉过你）""你怎么不同意……""做得好""我要是你"和"你应该……"。

父母自我状态中的非语言行为包括皱眉、撅嘴、用食指指、摇头、将手臂抱在胸前以及"照顾性"行为，例如拍后背或者用胳膊搂肩。

个人在对外部事件做出反应的过程中会经历内部事件（感受），儿童自我状态就由对这些内部事件的记录组成。例如，一个受到母亲训斥的小孩可能会感到生气、受伤和困惑，特别是当他不明白自己错在哪里时。

　　与父母自我状态下的记录一样，儿童自我状态下的记录也是永久性的，很容易被成人生活中的事件所触发，从而影响人的行为。儿童自我状态对成人行为的影响通常是，让他们具有创造性、试验性、情感性、分歧性、不安全性，更追求愉悦性。在交流中，表明一个人处于儿童自我状态的言语包括，"我希望""我想要""我知道""我不知道""我不在乎""最好的""最大的"。身体动作包括嘴唇颤抖、大笑／咯咯笑、动作快速和多变、耸肩或发出呜呜的声音等。

　　伯恩认为，成人自我状态是最后形成的自我状态，它在婴儿十个月大之后才开始发展，是通过探索、思考和测试想法获得和计算出的数据组成的。成人自我状态寻求获得信息、尊重他人和做出估算，是建设性的、非教条的。它会利用存储在父母和儿童自我状态中的数据，也会利用在探索世界的过程中获得的数据。为了与其他知识相契合，它会检查和测试、更新和修正数据。

　　当某人处于成人状态中时，他的表现通常会很理性，会想办法解决问题。他们的身体会适时地做出某种姿势，一般会显得冷静而自信。他们会提问"为什么""是什么""在哪里""什么时候""谁"和"如何"，同时，他们在谈话中会说"我看""我想""可能""大概""相对"这类词语。

　　我们要记住，每一种自我状态在不同的情形下具有不同的效力。例如，在头脑风暴会议中，不受约束的儿童自我状态可能更有效。当我们面临因大量问题和未知因素导致的僵局时，从父母那里获得的经验可能派上用场，我们可以利用它们洞悉不明朗的形势，根据可获得信息做出兼顾各方的决策，即使决策可能不够细致完善。

然而，作为领导者，儿童和父母自我状态可能具有高度的破坏性。儿童自我状态可能导致脾气火爆，而父母自我状态可能导致过度苛责、教条主义和抵制变革。唯一能够随时发挥效力的是成年人自我状态，因为这种状态能够同时保持父母、儿童自我状态和情景意识，能确定哪种行为符合现实情况。如史蒂夫·彼得斯（Steve Peters）博士在《黑猩猩悖论》（*The Chimp Paradox*）[5]一书中所描述的，我们的大脑可能会被"情绪化的黑猩猩"所控制，停留在成人自我状态能使我们防止这种情况发生，也就是说，这种自我状态能使我们控制"黑猩猩"而不是让它控制我们。

当你在整个企业内落实由目标、战略方向和价值观组成的自由框架时，保持成人风格特别重要——这种组织叙述能促使人们明智地、协同地行事。落实的力度过大可能给人留下控制欲强和"苛责型父母"的印象，可能会激发一种叛逆的"自然型儿童"的反应。力度过小又可能导致自由放任，领导力的分配不协调，缺乏明确的参数，致使行为不一致和战略缺乏连贯性。

4. 敞开心扉

正如我们在前一章中看到的，自我意识意味着诚实地看待自己。这是更好地了解你与他人之间关系的第一步。若没有这样的自我表露，你会发现很难在你的人际关系中营造信任的氛围。

乔哈里视窗（Johari Window）[6]是美国心理学家乔瑟夫·勒夫特（Joseph Luft）和哈林顿·英汉姆（Harrington Ingham）于 1955 年提出来的一种模型，能帮助你识别影响你与他人沟通和建立关系的四类信息，该模型如图 6.1 所示：

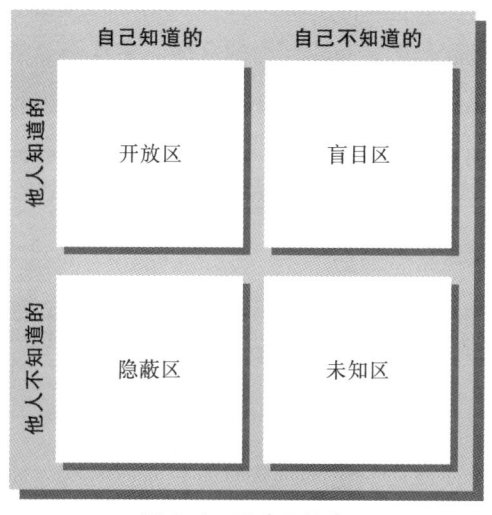

图 6.1　乔哈里视窗

来源：勒夫特和英汉姆[6]

177

在乔哈里模型中，根据你和其他人对信息的了解程度，所有信息被划分为四类。

◆ **在开放区内，窗格的大小揭示的是你在人际关系中承担的风险的大小。** 随着关系变得深入，开放区会变大，这反映出你愿意被他人了解。这部分包含的是你知道的以及你不介意承认的关于自己的信息。

◆ **盲目区包含了其他人能感知到但你没有意识到的所有信息。** 例如，你可能认为自己很自信，但由于你行为举止紧张，其他人可能认为你局促不安。你越了解别人对你的看法，盲目区内的信息就越少，你也就越能与他人建立开放和透明的关系。

◆ **隐蔽区是你更有控制力的区域。** 它包含你不希望向其他人透露的信息（例如与历史、感受和动机有关的信息），可能是你想隐藏的有关他人或自己的信息。然而，你隐藏的信息越多，别人就越会认为你不够坦诚和不值得信赖。

◆ **未知区是由你和其他人不知道的所有信息组成的区域。** 不管你成长了多少，不管你为了缩小这个窗格发现和获知了多少有关自己的信息，它都不会完全消失。该窗格包括了所有尚未开发的资源、你所有的潜能和目前处于休眠状态的资源。但是，与他人多沟通可以缩小此窗格，有助于增强你和他人之间的信任。

这些窗格是相互依存的，一个窗格大小的变化会影响其他所有的窗格。例如，与一位朋友沟通后你知晓了以前闻所未闻的信息（盲目区的信息），那么开放区会增大，而盲目区会缩小。你的发现可能无关紧要，也可能非常重要，例如，"吉姆发现在董事会会议上很难质疑你的观点"。

你可以为每一位与你沟通的人画一个新的乔哈里视窗，窗格的大小取决于你对他人、对自己行为的认识，以及你的感受和动机。针对不同的人画出的视窗也不一样，因为你对他们做出的行为、对他们的感受和动机不相同。你可以对比一下你为同事和家人画出的视窗的样子。

扩大开放区是有益的，可能产生令人满意的结果，但也可能产生令人痛心的结果，因为这样做是有风险的。你需要谨慎再谨慎，无论你是接受信息的一方还是发出信息的一方，不恰当的信息披露都可能会对你造成伤害。但是，你向别人展示得越多，你对自己的了解也就越多。你愿意从他人那里接受的关于自己的真实信息越多，你对自己的判断就越准确。

自我表露有助于发展你的领导关系。例如，如果你发现，你在工作中很难与关键人物建立牢固的联系，那么主动透露一些与工作无关的个人信息要比透露一般的工作信息更有用，比如，透露有关你近来喜欢的业余爱好的信息，接下来你可以问问对方在工作之余喜欢做什么。你可以继续运用这种有往有来的模式，与他谈论其他场合下无法讨论的工作

179

问题。这样，通过逐渐扩大开放区域，你建立了更多相互信任的关系，这会导致信息的进一步分享，进而加强你与他人的关系，提高你的合作能力。

5. 反馈的力量

要缩小盲目区、进一步了解你对其他人的影响，一种有益的做法是定期接受他人的有效反馈。每天早上我刮胡子时和出行前都会照镜子，镜子中的影像（如反馈一样）提供的信息能让我更好地管理自己的行为（而且让我避免刮伤脖子）。

要成为高效的、自我意识强的领导者，了解其他人的反馈至关重要。具有讽刺意味的是，身为领导者，我们收到的反馈往往很少，这是很危险的。我发现，在我合作过的公司里，患孤独领导综合征的领导者屡见不鲜。高层领导者备受尊重，他们只能听到溢美之词，异议均被过滤掉了。但这些公司要在社交媒体风行的世界里运营，在这样的世界里，未经编辑的反馈会被即时传送，客户在推特上对大公司的投诉转眼间就会被数百万用户看到，因此，领导者要保持合理水平的自我意识，就要确保得到同事和客户的反馈，要让他们就你的影响和表现给出坦诚的评价。

这些反馈将有利于你进一步了解自己的工作及方式。接受反馈能让你获得做出改变和调整的机会，进而使你变得更加高效。给予反馈的人最好持支持的心态，而且反馈要公正，但这些不是领导者能掌控的。如果你真的询问过公司里的人或客户对你的看法和/或如何才能完善你的领导方式，你可能会得到对方最真实的答复。答复内容可能不合你的心意，但却非常有价值。

能否欣然接受这些反馈并从中汲取营养是你的一大挑战。另外，当你收到措辞强烈的异议时，你得认真琢磨琢磨。它可能来自于心有怨念的局外人，也可能来自曾被你或你的公司伤害过的人，但它也可能来自一个勇敢的人，他说了其他人想到了但不敢说出来的话。多年前我从斯蒂芬·科维（Stephen Covey）那里学到的一个原则是：假定其他人具有良好的意图[7]。换句话说，要假定提意见的人品格高尚，其目的是为了提供见解，而不是为了做出不公平的批判。

当你向他人提供反馈意见时，要对事不对人，要实事求是，不能凭空想象。不能想象他人的动机，不能胡乱猜想。例如，你对一位同事说，"当你摇头时，我觉得你很失望"，而没有说"你不喜欢它，对吗"，你没有推断对方的意见，这是明智的做法，因为你的推断不一定会被对方的行为所证明。

你的反馈可能对同事的行为或绩效产生直接影响。如果你希望同事们更上一层楼，那么你可以给他们明确的反馈，说明你希望他们在哪些方面再接再厉。例如你可以说："谢谢你，这正是我想要的精确度标准。"然而，如果你希望同事们改变行为方式，那么你要明确描述出理想的行为方式。例如，你可以说："为了达到更高的质量标准，你若……会很有益。"注意，具体的反馈优于笼统的反馈，反馈太笼统时，其他人会不得要领。还要避免做出判断或提供太多的建议，特别是当你的职务比对方高时，这会限制他们反思和学习的能力。

当你经常给予和接受反馈时，反馈就会成为常态，这有助于你建设反馈文化，促进信息在成年人之间的交流，最终提高绩效。

32

客观公正地处理信息

我遇到过一些效率低下的领导者，他们考虑问题时经常受先入之见的影响。他们了解过去适用的工作原理，认为它们现在也适用，或者他们认为，因为他们是"主管"，所以他们给出的答案就是正确的。他们可能会征求其他人的意见，但他们会按照预定的行动方案选择获得的信息。

客观公正地处理信息对真诚型领导者处于成人自我状态很重要。它的意思是，不在仓促之间做出判断，仅把自己的观点视为一种输入源，一视同仁地对待自己的和其他不同来源的观点。它更多地体现了"成人风格"而非"父母风格"。若是后一种风格，就会出现"我是老板我说了算""按我说的做"这类现象。要客观公正地处理信息，就要真正地倾听，利用你的情商和能力理解特定时刻周围发生的事情。

它促使你在综合考虑各种信息的基础上慎重行事，不会让你的情绪性反应压制了理性反应，不会让你做出有失偏颇的决策和行为。客观公正地处理信息时，你会做出符合组织最大利益的决策，进而激发员工的信心，我们将在第七章进一步讨论这个问题。当你能管理好自己的反应，并从可利用的资源中获取客观公正的信息时，其他人执行决策的积极性就会大大提高。

1. 情境意识

为了客观公正地处理信息，你需要具有一定的情境意识。这种意识指的是关注当下，关注目前所处的情境。通常情况下要从决策制定的角度考虑它，指的是做出符合价值观的决策和反应行为，这需要你能高效地管理情绪反应，综合考虑其他人的观点、数据和情况，并对问题的性质及可能的解决方案有更全面、更公正、更详细的了解。你要做一个细心的倾听者，要多了解其他人的反应，要客观、公正地处理一系列数据。

你可以培养情境意识，比如在会议结束时，你可以回顾各方的观点，了解与会者认为会议中哪些方面有效以及如何改进下次会议。你可以通过这种方式验证你对会议、个人间的互动、对话和敬业度的了解。

摆脱偏见的干扰需要费一番心思。当我们感知到一件事情发生时，我们通过感官接收到的信息会经过一个内部过滤器。这个过滤器会影响我们对人对事的反应方式，而且可能导致我们在不知不觉中形成偏见。当我心存偏见时，比如我认为比较安静的人提的意见比较少，那么开会时我就会判定，偶尔才发一次言的性格内向的同事，不像性格外向的同事那样积极地参与讨论或者对讨论感兴趣。这反过来会影响我与安静的人打交道的方式，最终影响我对他们绩效和升迁的判定。尽管我不承认我从一开始就心存偏见，但我很有可能做出不公平或无根据的决策。

　　我们可以运用推论阶梯来分析这个问题（如图 6.2 所示）。我们可以通过它了解信念如何影响我们做决策时对数据的处理。该模型由组织心理学家克里斯·阿吉里斯（Chris Argyris）[8]于 1985 年提出，旨在描绘我们从感知事件到对它做出反应期间的心路历程。运用这一模型分析特定的事件可以帮助你了解无意识的偏见是如何形成的。

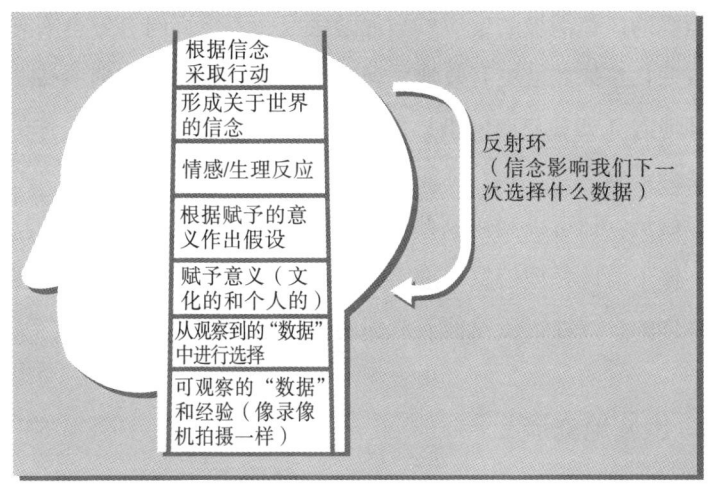

图 6.2　推论阶梯

来源：阿吉里斯[8]

185

例如，假设你向简发送了三封电子邮件却没有得到任何回复，你选择的数据很可能就是，简没有回复，你对其赋予的意义是，简因某种原因对你不理不睬，她很没有礼貌。你可能会想，简不喜欢你，或者她不想做你在邮件中要求她做的事情。你的情绪反应可能是沮丧或失望，这导致你认为简不可靠。最后，你决定不再询问她，不再把她推荐给其他人。你认为所有这些推论都是合理的，因为它们都基于这"一点点真相"：她没有回复你的邮件。

你可以调整你的大脑雷达和行为，以便更自主地管理阶梯推理过程。例如，你可以更深入地探索和理解你的个人"触发因素"：你特别注意哪些属性、行为或线索？你会做出积极的还是消极的反应？当你紧张或心不在焉时答案会有什么变化？你如何更有效地管理这些反应？想想你如何看待与其他人（如客户或同事）的关系：你认为与谁的关系是你的社会资本，为什么？你能否从中了解你偏爱什么，对什么心存偏见？你可以利用这些问题了解并纠正自己内心的偏见，不偏不倚地处理信息，进而做出适当的决策。这反过来会提高你的真诚性，激发他人对你的信任感。

2. 坦诚地交流

要建立和维护开放、透明的关系，关键在于坦诚地交流。你越能与他人坦诚、直率地交流，你就越能与他们建立良好的关系。但是，当交流的主题具有一定的争议性或攻击性时，你需要花时间做准备。在计划这样的交流时，要提前确定你想实现的目标，而且要站在对方的立场考虑问题。

在交流过程中，要聚精会神地倾听（用眼睛和耳朵），当对方的话令你深有感触时，你要有所反应，而且要探讨其他可能的观点（你的假设可能不正确）。此时，你要利用好你的高情商，不要被情绪所左右，要保持冷静，避免使用评判性或情绪化的语言。最后，如果需要提出改进建议，那么请表现出尊敬的态度，而且要保持"成人"自我状态（避免使用"苛责型父母"的语气）。就尴尬或敏感的话题进行交流可能需要一些勇气，但是，若你能以审慎、开放的态度对待它们，你就能与交流的另一方建立更牢固、更信任的关系。

讨论问题情境时可采用的一种有效方法是，将它们视为你和其他人需要解决的问题。当你邀请同事们探讨绩效不佳或者他们没有发挥出潜力的原因时，你是在向他们表明，你渴望与他们一起解决问题。就绩效问题及其解决方案进行双向的交流会让其他人产生更多的归属感。重要的是，要想方设法确定根源在哪里，是能力有问题还是激励有问题。如果他们无法提供解决方案，那么你就确定一个，但你得注意一点：解决方案不应总由你确定。

3. 管理冲突

尽管付出了最大的努力，但有时你仍然会有这样的感觉：对方在跟你唱对台戏。这里有四种方法能助你一臂之力。

1. **关注他人，承认这一事实：他们有自己的意见、感受和意图**。正如上一章所说，同理心是人际交往的桥梁，它能为你架起一条通道，让你和他人开展更具建设性的对话并取得有益的结果。

2. **回顾他们说了什么，了解他们的需求**。如果你能同时满足他们的需求和你自己的需求，那么你就更可能获得互利的结果。

3. **既邀请他人提供解决方案，也分享自己的看法**。存在冲突时，人们会自然而然地站队，这会加剧冲突。邀请对方畅谈自己的想法会降低其孤立感，能促进他们放弃固有的立场，向共识迈进。

4. **综合考虑双方的想法和建议，提出双赢的解决方案**。当他人参与了解决方案的制订时，他们更有可能积极地执行方案，而且他们对交流本身会产生更为积极的感受。

寻求一个皆大欢喜的解决方案是消除疑虑、化解冲突的方法，而且它还能鼓励人们开展为整合的讨论，比如你可以说："我的观点是……你的呢？"身处冲突氛围时，我们的感觉通常会掩盖这一事实：实际上我们想实现的目标是类似的，试着问问"你想要的结果是什么样"这一问题。试图改变对方的观点意味着对方的观点是错误的，而了解具体的情况并不意味着对方有问题。这样的思维方式能够加强你与他人的协作，促进问题的解决。

33

巩固重要的关系——自省问题

正如我们在整本书中看到的，整合型领导者会利用影响力在整个组织推行正确的思维模式。然而，要明智、高效地利用影响力，就要厘清重要的关系，这样才能确认哪些领域必须加以巩固，哪些领域需要改进。如果你还没有这么做，我建议你列出重要的工作关系。当前，你与哪些人或哪些利益相关者群体建立强大的整合关系最为重要？对于每一种关系，请运用本章中介绍的方法分析其现状并思考如何才能提升其整合性。例如：

◆ 你与他们交往时是否表现出了高情商？是否有可改进之处？你是否了解他们的动机以及如何确保他们从你们的关系中得到他们需要的东西？

◆ 你的关系是否主要是成人与成人风格的关系，是否需要转变成这样的关系？

◆ 你们在工作中是否运用相同质量的信息？

◆ 你能否客观公正地处理信息，还是倾向于只根据自己的判断做决策？

◆ 你们是否都在开放区内操作或者能否对彼此更加

开放?

◆ 你们能否共享反馈,或者你们能否增加单向或双向的
反馈?

◆ 你们对待彼此有多真诚?

◆ 若存在冲突,为寻求互利的解决方案,你如何与他们
互动?

运用上述问题分析你的每一种关系,确认你可以改进的
领域。我建议你与其他人一起讨论,以便明了他们是否以同
样的方式看待改进的机会以及他们如何思考改进的方式。为
了迅速、显著地改善关系质量,你们可以商定行动方案,并
将其付诸实施。

商定行动方案一段时间后(比如一个月)审查实施进
度,并开会讨论哪些方面得到了改进、可吸取哪些教训以及
如何进一步开展工作。定期与同事们和更广泛的利益相关者
就如何加强你的人际关系进行对话,这是非常有益的做法。
对话的核心主题要明确,否则,其他人会以为这样的交流纯
粹是为了应付差事!

整合型领导者核验清单

1. 与客户、同事和其他利益相关者建立开放和透明的关
系,这是成为整合型领导者的关键条件;

2. 当你能客观公正地处理信息时，你就能激发他人对你的信任，并做出更出色的决策；

3. 无论何时，只要有收获，你就要寻求反馈，而且你自己要率先垂范。

注释

1 Towers Watson (2008) ' Global Workforce Study 2007 – 2008 : Closing the engagement gap : a road map for driving superior business performance' , London : Towers Watson.

2 George , B. (2003) *Authentic Leadership : Rediscovering the secrets to creating lasting value* , San Francisco , CA : Jossey-Bass.

3 Berne , E. (1964) *Games People Play : The psychology of relationships* , New York : Grove Press.

4 Heifetz , R. , Grashow , A. and Lensky , M. (2009) *The Practice of Adaptive Leadership : Tools and tactics for changing your organization and the world* , Cambridge , MA : Harvard Business Press.

5 Peters , S. (2012) *The Chimp Paradox : The acclaimed mind management programme to help you achieve success , confidence and happiness* , London : Vermilion.

6 Luft , J. and Ingham , H. (1955) ' The Johari window , a graphic model of interpersonal awareness' , *Proceedings of the Western Training Laboratory in Group Development* , Los Angeles , CA : UCLA.

7 Covey , S. (1989) *The Seven Habits of Highly Effective People* , New York : Free Press.

8 Argyris , C. (1985) *Strategy , Change and Defensive Routines* , Southport : Pitman.

第七章

下放决策权

下放决策权是向更分散、更整合的领导风格转变的关键，它也是一个更棘手的问题，因为领导者为了控制结果，一般都想独揽大权。

在本章中，我们将探讨把决策权下放到接近客户的人手里日显重要的原因以及如何在组织层面赋权。在转型过程中，赋权的文化和同事的参与居于核心地位，而且，组织要顺利完成转型，首先要提供充分的管理信息、稳定可靠的流程，要营造信任的氛围、建设强大的能力。

34

反思权力的平衡

杰克和丽贝卡夫妇在美国旧金山郊区经营着一家中等规模的酒店，其总部是设在英国伦敦的一家国际连锁酒店。这家公司的重男轻女思想很严重，自 1924 年成立以来，该公司一直由同一家族经营。它虽称不上豪华连锁酒店，却也算得上家喻户晓。价格实惠、服务和产品优于一般水平是支撑该公司多年经营的基础，但现在，公司面临着一个难题。

公司的连锁酒店遍布全球，无论是加利福尼亚还是莫斯科的酒店，它们的设计和运营模式都是相同的。在早期，游客们喜欢这种模式，因为他们无论去哪里旅行，都能入住相同的房间、体验相同的服务。服务的可预测性是公司颇感自豪的优势。然而，近年来，客户数量出现了下滑，他们不愿再入住这家公司的酒店了。

问题在于，公司没有及时应对瞬息万变的商业环境。该公司的一些人甚至暗示，创始人的曾孙，即公司的现任负责人，没有能力经营公司。公司连锁店所在的每个城市都有小型精品酒店经营，与这家连锁店相比，这些精品酒店更有趣，更能体现当地的特色（通常价格也更便宜）。

　　杰克和丽贝卡知道，他们需要获得更多的权力来决定如何在旧金山经营连锁酒店。为了创造更好的客户体验，他们想自己选择家具和配件，并从当地生产商采购食品原料。尽管这家国际连锁酒店的 CEO 知道公司经营存在问题，而且意识到了必须授予当地的管理者更多的控制权，但他不知道应该从哪里入手。他曾认真考虑过如何在这个客户至上的新环境里转变公司经营模式的问题。

35

为何要下放决策权

在打造灵敏、客户至上的企业的过程中，下放决策权是推动成功的五大关键因素之一。向权力更为分散的领导模式转变有助于提高企业的灵敏性和创造差异化的客户体验。成功的关键之一是赋权，这是一个被反复使用的词，但从我的经验来看，它也是一个常被误解和滥用的词。

在《商业词典》[1]中，"赋权"一词的定义是：与同事共享信息、奖励和权力的一种管理实践，目的是为了促使同事积极主动地做出决策、解决问题、完善服务和提高绩效。赋权的基本做法是，赋予同事技能、资源、权力、机会、激励，让他们对自己的行为结果负责，这有助于提高他们的能力，增强他们的满足感。

我把它视为打造一个更加智慧的组织的过程。在这样的智慧型组织里，人们信心十足，在考虑本地条件和组织的首要目标和价值观的前提下，定期做出一致的决策。从根本上说，下放决策权的目的是，让贴近客户、与客户有联系的人做出决策，并在强大的统一框架内协调决策。它能使人们在操作过程中保持灵活和自由，同时又使他们确信，他们的所作所为符合公司的战略和价值观。

我看到，有越来越多的公司正在为解决这个难题而努力，它们面对的是消费者力量越来越强大的市场。我们在第二章探讨过，网络社会日益发展，千禧一代长大成人，新消费者乘势崛起。在这样的背景下，取悦客户变得愈加困难，不仅因为他们可利用的资源更加丰富（而且是在全球范围内），还因为他们想被视为独特的个体对待（即使是在大众营销环境中也是如此）。他们主要关心的是，他们作为客户能获得什么好处，他们能迅速发现什么做法只对生产者有利。许多人也对生产者更高层次的目标和社会影响产生了浓厚的兴趣，因为身为消费者，他们想确保自己的购买是符合伦理的。

客户对开放性和透明度的期望很高。社交媒体和数字通讯技术能使他们即时提供反馈，而且他们也期望能即时得到回应。负面信息传播的速度很快，而且影响会被放大。关于企业和产品的官方说法受到的考验更加严苛，而且官方言行间的差异会立刻被发现，并通过社交媒体被放大，这通常会对企业的财务绩效产生破坏性的影响。

与个体公司一样，整个行业都出现了向权力分散的领导模式转变的趋势。例如，在英国铁路行业，铁路基础设施供应商铁路网公司（Network Rail）率先改革公司结构，下放决策权，引领了行业向以合作伙伴和客户为中心的文化的转变。该公司明确承诺，未来会采用更为放权的工作方式。这一点已被记录在了铁路管理局（Office of Rail Regulation）的 CP5 公告中，公告称："铁路网公司已经对内部结构进行了重大的调整，将更多的责任从中心下放到了各线路，它还改变了与行业内其他各方合作的方式，与列车运营商建立了联盟，与更多供应商建立了伙伴关系。"[2] 为了帮助各个层次的领导者支持公司向更分散的领导风格和工作方式转变，铁路网公司还推出了颇具挑战性的领导力发展计划。

要提高组织的灵敏性，就需要组织的领导者树立强烈的赋权意识。赋权的概念已存在多年，但在实践中并不常见。我在一些组织中看到，赋权通常是不全面或不协调的，它虽被视为一个好原则，但在实践中，很多决策却是集中制定的。而在另一些组织中，分享多少决策权要由各个管理者说了算。与这两种情况相比，真正的赋权需要人们齐心合力，共同筹划，并转变企业的文化。根据施普赖策（G. M. Spreitzer）[3] 的说法，赋权是一种心理状态，它涉及人们如何看待自己工作的这四个方面：

1. **能力**：个人是否相信自己的能力。

2. **影响**：个人在工作中影响战略、管理和经营成果的程度。

3. **意义**：工作目的或目标的价值，参照个人的理想或标准做出判断。

4. **自主权**：个人认为，自己对行动的发起和管理有多大的选择权。

　　将赋权的这些方面结合起来能够培养积极、自信的领导风格。身为领导者，为了营造良好的氛围，你可以运用我们在前两章中讨论过的真诚型领导方法来增强同事们的信任感[4]。赋权的好处是，它能对下属的成果产生积极的影响，如个人与团队的参与度、敬业度、献身度以及生产力和绩效。

　　因此，如果你想创造出一个让下属感到自信、能做决策并以客户和企业的最佳利益为出发点行事的环境，那么你就需要同时满足上述四个方面的要求。现在我们考虑，如何在组织层面实现这样的赋权。

36

组织层面的赋权

1. 结合实际条件赋权

在许多发达国家，决策权下放与现代政治运动的主旨密切相关，在这些政治运动的推动下，决策由最接近公民的人做出。强调地方自治从根本上说是一个权力问题，即谁有权力做出事关本地公民生活的决策。

地方主义或权力下放的表现形式有很多，它们在美国具有悠久的历史，例如联邦和州政府之间的权力平衡、决定一系列重要地方问题的公民会议等。在许多国家，地方权力的概念既包括支持本地生产和商品消费（如农民市场的兴起），也包括顶着来自诸多地区的压力管理自己的事务（如苏格兰的权力下放）。无论人们身处哪里，他们都能在共同利益的基础上建立联系，而且能很快形成压力群体，共同抵制他们感知到的政府或企业的任何违规行为，网络的发展只会加剧这种趋势。

　　这触及到了我们上一章讨论的沟通分析的核心问题。从上一章的讨论中可知，传统的家长—孩子式关系，例如集权的"指挥控制"领导风格，正在被成人—成人式关系所替代。获得授权的同事（他们也是被赋权的公民和客户）可以在企业整体目标和方向的指引下做正确的事情。

　　回顾第一章的领导力理论历史便知，这样的变化呼应了英雄式领导风格向更为分散的领导风格的转变。它反映了创建这样的组织的必要性：它能够灵活地适应所有市场接触点不断变化的条件，同时保留了强大的核心流程。一种很有益的做法是，将我们要建设的组织视为能在快速变化和不确定的环境中生存和繁荣的"一种复杂的适应性系统"。当变化发生时，这种系统能够以协调的方式加以应对。我们可以把它描述为智慧型层级系统，在该系统中，一位或者一群领导者系统地、慎重地分配领导职责，这种分配能够高效、明智地运用企业内部的技能和专业知识，使企业获得最佳的成果[5]。

　　玛丽·尤艾-比恩（Mary Uhl-Bien）博士是研究复合型领导、关系型领导及其追随者的资深管理学作家，她确定了有助于理解决策权下放的三个领导功能，即行政管理功能、适应功能和促进功能[6]。当这些功能有效结合时，它们能使组织内部实现平衡，使组织在不可预测和不断变化的环境中取得成功。

◆**行政管理功能**。它与组织的官僚体系有关，反映的是旨在推动商业结果的传统管理程序和功能，根据尤艾-比恩的说法，这一功能使我们认识到，尽管组织是管理机构，但它们不一定具有官僚作风。组织具有强烈的目标、方向感和明确的经营模式是这种功能的部分体现。

◆**适应功能**。它描述的是员工和团队齐心协力制订并实施新颖的解决方案时发生的非正式领导过程。这样的领导通常出现在组织的前沿阵地，即最接近客户和竞争对手的地方，在那里，本地化的决策决定着经营的成败。

◆**促进功能**。正是由于前两个功能相互作用，第三个功能才有了用武之地。它平衡了对强大的组织核心的需求与激发创新、创造力、响应力和适应持续变化的需求。由于远离高层的人获得了更多的决策权力，领导者要促进他们做出重大决策，同时还要确保整个流程的一致性。

这有助于你思考企业内哪个功能强大，哪个功能较弱。如果你的企业具有强大的流程和控制措施，而且整个企业的措施与总体战略方向明显一致，那么企业的行政管理功能可能比较强大。如果企业具有高水平的本地创新、客户服务和创业能力，那么企业的适应性功能可能比较强大。如果前一个功能强大，后一个功能弱小，那么企业的促进功能就不会很强大，因为维持既重视强大的核心机构又重视适应本地的外围机构的健康文化正是这种功能的体现。

有趣的是，依普索·莫瑞公司和西鲁斯公司在 2015 年完成的研究中（见第三章）指出，首席执行官们在谈及整合领导力的五个因素时，认为下放决策权的重要性远远低于其他四个。矛盾是显而易见的：虽然首席执行官们能够意识到利用赋权文化经营组织的意义，知道员工们能在由方向、目标和价值观确定的框架内为了客户的最大利益行事，但他们偏好由顶层制定决策，他们认为这样可以确保控制及执行的一致性。但实施决策时，员工的行动可能会迟缓，这会导致组织的灵敏性降低，官僚主义加剧。

虽然有些企业认为，规模经济决定了公司需要采用更加严格的领导模式，例如确保客服一致性的快餐许可经营模式，但在我看来，这终究是创造环境的问题，创造出一个能使组织灵敏地开展行动、以客户为中心，并能在日益动荡的世界里对本地市场做出响应的环境。领导者要营造这样的文化氛围：身处其中的人能做出正确的决策，而且他们在决策时既考虑到了本地的环境，又考虑到了企业的总体目标和价值观。

这样做也会对员工的参与度产生相当大的影响。自 20世纪 20 年代以来，许多学者都研究了赋权对员工参与度的影响，也有许多学者研究了员工参与度对赋权的影响，他们发现，积极参与的员工自主感更强，而且更可能做出符合企业最大利益的合理决策。很多研究均指出，员工的工作态度与绩效之间存在很强的相关性。就业研究所（The Institute for Employment Studies）指出，员工参与度以员工对组织及其价值观的积极态度来确定。积极参与的员工了解企业背景，会与同事齐心协力提高工作绩效，从而为组织带来利益。组织必须想方设法提高员工的参与度，这需要雇主和员工共同努力。

根据就业研究所的调查，被重视感和融入感是推动员工积极参与的最强大的因素，这些感觉会受到员工能力的发展、员工与管理者之间的关系、员工接收到的信息、感受到的待遇和决策参与程度的影响。

员工参与度的有利影响

员工参与度对组织的有利影响包括：改善财务绩效、提高客户忠诚度和员工生产力。韬睿惠悦咨询公司运用 50 家全球性公司一年的数据确认了员工参与度和企业财务绩效之间的联系[8]。该研究指出，员工参与度高的公司，其营业收入增加了 19%，每股收益提高了近 28%。

在英国政府于 2019 年公布的权威性研究报告——麦克劳德报告（MacLeod Report）"共同迈向成功"（Engaging for success）[9]中，几位作者明确指出，许多促进和阻碍员工参与的因素似乎都与领导效力密切相关。

2. 就制定决策结构达成一致

提供一个明晰易懂的框架很重要，你可以根据这一框架向人们赋权。以自由放任的管理风格下放权力可能存在严重的弊端，例如资源不必要的重复、成本控制缺乏、决策与公司的战略方向不相符或决策执行不一致等。你越清楚目标、方向和价值观，你就越能放手让同事们灵活运用自己的判断力，你知道他们会做正确的事情，因为他们非常清楚公司的使命。

在我合作过的一家国际企业里，高层领导和人力资源团队多次讨论了赋权的好处，但却难以把赋权付诸实践。根据我的观察，这家公司的高层管理团队更重视对企业的控制，不大重视赋权文化的建设及其导致的绩效提高。实际上，首席执行官承认，他亲力亲为的管理模式很成功，而且他发现很难在整个企业下放决策权。结果是，在他管理的组织内，人们都很顺从，但行事不灵活。

打造一个让人们有信心承担更多责任和赋权风险的环境需要投入时间，需要有坚忍不拔的毅力。在我合作过的一家拥有多个全球知名品牌的企业里，首席执行官决定按照前面提到的"智慧型层级系统"进行改革，使公司转向更加分散的决策模式。他鼓励品牌领导者和职能部门加强对话，集思广益，群策群力，尽力与高层领导同事们一起确定企业的战略方向，与此同时他强调，公司的目标和价值观没有妥协的余地。接下来，高层管理团队让越来越多的同事一起确定可下放决策权的领域，而且在讨论的过程中，他们增强了放权的信心。逐渐地，整个企业的人都树立了正确的心态，产品开发、IT 系统和市场开发等领域的决策成熟度和质量也不断得到了提高。

军队很理解这一点，他们会在"任务式指挥"的基础上实现中央控制和地方决策之间的平衡。军官们需要根据任务的清晰度和可接受的灵活参数在将军们事先设定的框架内自由行事，这非常符合全面质量管理之父 W. 爱德华兹·戴明（W. Edwards Deming）提出的原则。戴明研究了第二次世界大战后日本工业的发展历程，他发现，日本工业从废墟中崛起的原因是，生产线上的员工们享有自主权。当他们发现问题时，他们能够停止生产线并进行修复。在军队和日本的企业里，高效的中央管理职能和某些领域的决策权下放形成了良好的平衡。在这些领域，需要做出本地化的判断才能建设强大而灵活的组织，才能更好地应对高度不可预测的环境。

组织结构的作用

组织结构不一定是决策权下放程度的标志。看似等级森严的结构可能赋权程度很高，而扁平的结构可能仍然采用集权化运作模式，一线的工作人员几乎没有决策权。支持联合行动的特殊结构更利于赋权。要记住的关键点是，结构和战略需保持一致[10]。你的战略越需要适应不断变化的环境，例如竞争性创新、技术转型、不同的本地消费模式等，你的结构就越要体现赋权的原则。

　　如果你正尝试建设一个更加赋权的环境，那么考虑当前的组织结构很有帮助。例如，权力集中的企业在下放或分享决策权时，很可能遇到管理方面的阻碍。在我研究的一个组织中，一些权力很大的单位负责人以自己喜欢的方式管理着各自独立的部门。这些"诸侯"会成为权力下放的瓶颈，在首席执行官要求他们改变做法之前，下放决策权的改革在这些部门根本无法推行。有两位负责人最后选择了离开，因为他们相信更有控制力的管理方法。幸运的是，高管团队的其他成员就如何下放决策权达成了一致意见，而且他们都想建立一个步调一致的整合型组织。这个例子揭示了思维的重要性，也说明企业要加大赋权力度，高管团队统一思维是必要的先决条件。

3. 提供有效的管理信息

　　正如我强调过的，下放决策权需要你做很多事情。你需要确定同事做出有效的决策需要哪些信息，然后以他们易于理解的方式提供这些信息。你还需要支持他们，比如提供指导，定期给予反馈意见，这样他们才能提高做出正确决策的信心和能力。你不能做甩手掌柜，放任他们沉沦。出现问题时，你可能会有介入的冲动，这会导致前功尽弃，放权过程失效，获得授权的人立足不稳。

你如何决定哪些信息共享，哪些信息放在中心？我的看法是，通常情况下，信息透明和共享是好事。在整合型组织里，领导会尊重和信任员工，认为他们能够明智地运用信息。我曾听到过公司为敏感信息保密的各种原因，包括避免把信息泄露给竞争对手（可能利用信息对付你）或客户（他们可能会对公司获得高利润很不满）、家族企业必须对大部分信息保密、过多的不利信息会扰乱军心等。我也目睹过很多公司分享信息带来的好处，包括人们能够根据良好的数据做出更明智的决策，感觉更受信任、更有主人翁精神等，这往往意味着他们更有可能对结果负责。

因此，在决定信息披露水平时，我鼓励你大度一些。确定管理信息的方法时要考虑下列方面：

◆ 决定可共享的信息的内容和数量，例如财务信息、商业情报、营销和客服信息，要让尽可能多的人访问与其职责相关的信息，以便更好地了解企业的绩效。

◆ 决定如何分享信息才能使人们更容易结合各自的现实背景解释它们和在决策时利用它们。

◆ 建立全面的监测和反馈系统，这样才能确保获得最佳的结果、分享见解，才能以符合企业、客户和同事的最大利益的方式明智地利用信息。

尝试着披露更多的信息并请人们就信息的用途和价值给

予反馈。你可以与人们探讨拟分享的信息的级别、分享的频率和形式，以及以后的改进方式。记住，透明度有利于提高整合性，还要记住，分享过多或不相关的细节信息时，效果可能会适得其反。

37

领导者扮演的角色

作为领导者，你可以利用三种方法下放决策权。首先，你要营造相互信任的氛围，让人们觉得承担风险是安全的；其次，要有可靠的流程，这有助于保持整个企业的行政管理优势；再次，提高同事的能力，使他们能做出符合企业最大利益的明智决策。

1. 营造相互信任的氛围

作为领导者，你如何为个人和团队营造赋权的氛围可能会对你向更为整合的工作方式转变产生重大的影响。这事关组织文化，也事关决策过程本身。要努力打造一个鼓励试验、冒险、创业的环境，让身处其中的人勇敢尝试，不惧失败。如果一切都受到中央控制，那么人们做错时就会受到惩罚。你要精心设计管理方法，以便让人们为成功做足准备。

许多领导者都难以做到这一点。正如作家、营销员和演讲家凯文·道姆（Kevin Daum）在一篇文章中所说的，要是容易的话，人人都会这么做了。他为如何建设更加赋权的文化提出了下面八条建议：

1. **确保沟通是开放的**，而不只是自上而下的传达。想方设法让同事们表达自己的想法、感受和看法。

2. **奖励自我提升**。领导者要帮助同事们成长和发展。要把提供管理和个人发展培训资金视为与升职加薪一样的激励手段。

3. **鼓励安全的失败**。许多同事本能地厌恶风险，他们时时保持警惕，猜不透你的想法时，他们更不敢轻举妄动。给同事们机会，让他们尝试不会对企业造成损害的新方法。

4. **提供充分的基础信息**。领导者要学会分享信息。如果同事们不掌握所需的信息，他们就无法采取行动并做出优秀的决策。要根据共同的目标和方向确定需要分享的信息。

5. **明确界定角色**。不清楚自己该做什么的人大多表现不好。他们还需要了解他们行动的边界和参数。角色和责任必须明确。

6. **建立问责制**。人们要知道他们什么时候达到了预期，什么时候没有。他们必须了解失败的后果，必须看到其他人也受相同标准的约束。

7. **支持员工的独立自主性**。给员工展现自我、甚至领导他人的机会。让他们犯错会增强他们的信心和赋权意识。

8. **感谢员工的努力付出**。众所周知，钱很少是推动员工努力工作的因素，他们更想要受重视的感觉，领导者一句"谢谢"就能让他们产生这种感觉。

表达感激之情对鼓励人们做决策有重要的影响。当人们做出良好的行为或取得理想的成绩时，你要尽早给予认可。我要特别强调上面提到的道姆的第三点，即让人们认为失败是安全的，快速失败并从失败中汲取教训优于在缺乏反思的情况下坚守失败的项目或重复犯错。如果你想让人们承担责任和做出决策，你就要让他们有心理安全感，要让他们觉得，无论结果如何，他们都是安全的。这意味着你要清楚自己在各种情况下的风险偏好，并指导人们对每项决策的风险水平做出正确的判断。

大有作为

"如果人们对卓越有共同的看法，能在日常工作中做到最好，知道自己应该做什么，而且，由于领导能倾听他们的意见，他们相信自己有用武之地，那么他们最终会大有作为，他们所做的会超出我们的预期，重大的变化将随之出现。"

弗里德里克·史密斯（Frederick Smith），联邦快递（FedEx）首席执行官

---

2. 制定可靠的流程

确定由谁做出决策

你不能奢望在不放权的情况下实现赋权和提高灵活性。组织要做出优秀的决策，首先要明确决策职责，要把谁对什

么决策负责，谁有决策权规定得清清楚楚。这听起来很简单，但许多组织都难以快速做出决策，原因有两个：一是组织里的很多人都认为自己是决策负责人；二是无人负责决策。我看到一家组织的日程安排中排满了会议，其中的许多会议，一些人本不需要出席，但他们仍然会去，因为他们希望参与决策。决策权分配不明确时，最终的结果是，很多人都想插一杆子。

一种有益的做法是，考虑你或你的领导团队目前做出了哪些决策，并确定哪些重要的决策应由你做出。如果你始终坚持这一原则：只对必须由你做出的决策负责，那么你最好把之前由你做出的一些决策交由其他人负责。我发现很多董事会和高级领导团队制定或参与了太多的决策，他们本可以把许多事项的决策权分派给组织内更专业和时间更充裕、更有责任做出这些决策的人。高层领导团队或个人很难放手他们长期参与的决策，而且一旦出现问题再请他们重新参与会非常困难。但是，如果你能把决策权分派给最合适的人选，而且给予他们指导和支持，使他们能以令你快慰的方式做出决策，那么你就启用了一种更为赋权的模式，你也可以把更多的时间投入到只有你能做出的决策中。

RAPID①（快速决策）技巧

我们在实践中成功运用的一种方法叫 RAPID，它源于罗

---

① RAPID 是英文词"推荐、同意、执行、提建议、决定（recommend，agree，perform，input，decide）"首字母的缩写。——译者注

杰斯（Rogers）和布伦科（Blenko）[12]在《哈佛商业评论》上发表的一篇文章，是一种分配职责和促进相关人员参与的方法。运用这种方法，关键是要弄清楚谁提供意见和建议，谁做决策和谁执行决策。

RAPID 的五个字母分别对应着决策中的五个关键职责，它们依次为：

◆ **推荐**。承担这一职责的人负责提出建议，搜集信息，提供正确的数据和分析，以便决策者及时做出明智的决策。推荐者要征求信息提供者的意见，并斟酌采用。推荐者必须具备分析技能和常识，必须对组织了如指掌。

◆ **同意**。承担这一职责的人对推荐具有否决权。行使否决权可能引发他们与推荐人之间的争论，这可能导致意见被修改。如果这一环节耗费的时间过长，或者说双方根本无法达成一致，那么他们可以把问题上报给"做决定"的人。

◆ **执行**。决策一旦做出，个人或群体就要负责执行它。在某些情况下，执行决策的人就是做出推荐的人。

◆ **提建议**。承担这一职责的人是被征求意见的人。由于提供意见的人通常参与决策的实施，推荐者会认真对待他们提出的建议。这些意见不具有约束力，但这并不降低其重要性。如果重要的人没有参与进来，那么决策在执行期间很容易出问题。

◆ **决定**。承担这一职责的人是正式的决策者。无论决策好坏，他们都是最终的责任人。他们有权处理决策过程中出现的任何问题，并促使组织采取行动。

客观公正的决策制定过程

界定角色和分配职责是必不可少的步骤，但做出优秀的决策也需要正确的流程做保障。规则太多会延缓流程，导致官僚作风盛行并降低组织的灵敏性。决策中出现问题的根源不外乎以下三种：

◆ 最终的决策者不明确；

◆ 承担同一职责的人太多；

◆ 提建议的人太多。

因此，确保决策流程尽可能简单和客观公正。决策时要考虑周全，一个有效的方法是运用矩阵将决策中需要考虑的主要因素列示出来。这些因素如图7.1所示：

原则或价值观 你的价值观要成为整个组织决策的关键参考	流程或规则 需要适当涵盖与规章和其他强制性规定相关的因素
员工 在决策过程中要考虑决策对相关人员的影响	利润或商业利益 决策的商业影响，如投资回报，是关键但并非唯一的考虑因素

图7.1 客观公正的决策制定矩阵

运用上述矩阵能使你避免过于重视某一方面，比如过于关注流程或规则，或过于关注商业影响，而不考虑决策对人员和文化的影响。

3. 构建能力

组织要建设整合领导力，首先需要有能干的管理者，他们要能承担并高效地履行责任。为了确保整个管理团队的人都能顺利地履行责任，我建议你采用一套系统的方法来帮助他们构建这种能力。组织的管理者有共同语言是很有益处的。你可运用"拓展—指导—审核"（stretch-coach-review）思路，它为领导者提供了一个建设性的框架，能使领导者在正确的时间进行正确的对话，实现决策权的下放。

a）拓展型对话

拓展型对话指的是鼓励人们拓展与企业战略相一致的业务，从而提高企业绩效。拓展型对话包括：

◆提供清晰的战略和方向；

◆就预期的绩效达成一致；

◆根据优势、可改进的领域和机遇分析绩效；

◆运用 SMART 目标原则（明确性、可衡量性、可实现性、相关性、时限性）；

◆寻找能促进企业增长和员工发展的更多机会。

219

你如何在实践中开展"拓展型"对话？首先，你需要结合组织背景和战略准备和安排对话。考虑与你对话的人的动机和能力，问自己这些问题：你真的知道他们能做什么和他们渴望实现什么目标吗？你知道真正激励他们的因素是什么吗？你知道他们的兴趣和价值观是什么吗？考虑你想与对方分享的内容，以及如何根据你的企业目标拓展它们。正如维克多·雨果（Victor Hugo）[13]所说："没有什么比梦想更能创造未来。"

b）指导型对话

指导型对话是指运用尖锐的问题促使人们进行反思并释放他们的最大潜力，进而获得最佳绩效。指导型对话是一种目标明确的成人与成人之间的双向对话。提出重要问题的目的是增强对方的责任担当和主人翁精神。指导型对话通常包括一起分析问题，合力敲定适宜的行动方案。高效的指导型对话能够建立自信，增强对其他人的信任和奉献精神。

无论何时，只要你对话的目标是帮助他人实现目标，那么你就是在开展指导型对话。他们要实现什么目标？他们是否专注于正确的重要事项？思考如何才能帮助他们理解正在发生的事情，并以他们的目标为指引制订明确的行动方案。

管理者应该认识到，他们做指导的理由有两个，一个是提高绩效（绩效指导），一个是拓展员工从事新工作的能力（发展指导）。绩效指导能产生立竿见影的效果。通常情况下，这种指导能帮助人们了解正在发生的事情，确认可能的选择方案，并从中做出正确的选择。当出现绩效问题而且你需要相关人员快速做出明智而高效的决策时，你可以使用托付的语气进行交流（比如你说："我需要你……"）。通常情况下，你要先申明你希望同事做什么，比如提高绩效、提高业绩、端正态度或做出承诺，然后进行对话，详细阐述你的要求，如要求的优先次序和行动等。

与此同时，培养你的指导能力是一个值得不断探索的问题。你要反思，为了提高员工在组织中的工作效率，为了使他们不断进步，你是否投入了时间和精力指导他们。他们参与战略性决策的机会越多，他们积累的经验就越多，他们未来发展的基础就越牢固。通常情况下，当人们在某一领域缺乏经验或知识时才需要发展，因此你要向他们提供必要的知识才能确保他们高效地参与决策。

c）审核型对话

审核型对话指的是，你与另一人一起根据既定的目标来审核他人的进步和成绩，它是认可成绩、给予和接受反馈、确认差距、强调学习、了解不断变化的企业优先事项的前提。审核型对话包括：

◆共同审核定量和定性绩效数据；

◆定期提供具体的反馈意见；

◆当员工进展缓慢时，多鼓励他们，当他们过于雄心勃勃时，适当地给他们泼泼冷水；

◆根据变化的企业优先事项调整目标；

◆认可和表扬取得的成功。

提前反思对话内容，了解对话对双方的"好"处。就决策在哪些方面表现良好，哪些方面表现较差给予客观的反馈，在适当的时候可征求其他利益相关方的意见。考虑后续步骤时，可根据目前取得的成绩判断哪些步骤更有可能成功。

当某些人表现极差时，你可能需要采用"严爱"的风格。此时，为了他们的长远发展，你需要在短期内严厉地对待他们。当他们无法取得你想要的结果时，你可能需要提议调整他们的角色或者决策责任，以便他们有改进的机会。或者当某些人因为无法实现当前的目标而感到沮丧时，你可能需要让他们反思自己的职业抱负。无论哪种方式，在对话时你都要尊重对方，维护对方的尊严。

38

案例研究——飒拉公司的决策权下放

运用整合领导力的绝佳范例是西班牙时装连锁店飒拉公司（Zara），它是全球最大的服装零售商 Inditex 集团的分公司。该公司成立于 1975 年，在全球 88 个国家开设有 6500 家店铺，员工人数多达 12 万。该公司将高度集权的制度与下放的决策权相结合，能对市场做出灵敏的反应，而且采用了以客户为中心的商业模式，这一切均为公司赢得了良好的声誉。正如其创始人阿曼西奥·奥尔特加（Amancio Ortega）所说的："你需要五个手指触摸工厂，五个手指触摸客户。"

下放决策权

各地店铺的管理者享有高度的决策自主权，能够满足不同领域客户的需求。公司有自己的内部物流和分销渠道支持系统，可快速地向店铺和客户交付商品。作为"快速时尚"运动的开拓者，飒拉的新服装在完成设计两周后，就会在各家店铺里出售。

从店铺层面来看，在最先进的数字技术的帮助下，经理

223

们有权做出面向客户的决策。他们每小时都会收到详细的销售和补货报告。这些信息很有价值，经理们会根据它们了解当地客户的需求，每周订购和接收一次服装。卓越的供应链，再加上在店铺小批量推出新货的组织能力，使公司获得了显著的竞争优势。

中央的协调

从飒拉的总部来看，信息是互联互通的，设计、营销、采购、生产和规划团队都能获得有关销售的信息，这便于他们快速决定接下来生产哪些产品、停止生产哪些产品以及现在出现了什么新趋势。许多时装零售商都会提前几个月预测客户想穿什么，但飒拉会利用各地店铺的反馈和技术来观察哪些商品销量好，哪些销量不好，这样公司可及时地调整设计和生产。

飒拉的领导人坚持认为，保持较快的速度和反应能力比降低成本更重要。公司的战略非常成功，以至于它成了市场上成本效益最高的零售商之一。由于该公司能够以极快的速度设计和生产新服装，而且能以较少的数量上市，其服装的平均销售价格能达到标牌价格的85%，而整个行业的这一平均数据仅为60%~70%。不断更新的小批量新货也吸引了更多的顾客去公司的实体店和网店购物。

结果是，这家公司大大节省了广告费用，其广告费用占销售额的比重仅为 0.3%，而行业的平均值为 34%。此外，其 IT 支出不到行业平均水平的四分之一。

协作精神

公司取得的一切成绩都以强大的协作文化为基础。分析师认为，在协作文化的推动下，这家零售商迅速完成了从实体销售向网络销售的转变，成了为数不多的转型受益者之一。公司的组织结构在其中发挥了很大的作用。公司没有设置正式的职位，专门聘用具有团队协作精神的人，而且把个人奖金与团队绩效挂钩。在飒拉的总部，开放的环境使得各个团队可以轻松地联系彼此，公司积极鼓励这样的行为。

自省问题

下面这些问题可助你在进入下一章前进行自我评估，如之前一样，为便于将来参考，你可做些笔记。

◆你授权别人做决策时心里有多舒服？

◆你如何提高这种舒适度？

◆哪些决策只能由你和你的领导团队做出？

◆哪些决策可以委托他人做出？

整合型领导者清单：

1. 将决策权下放给接近客户的人能提高企业提供卓越的

客户体验的能力，能提高整个企业的灵敏性。

2. 要在明确、自由的框架内下放决策权，这样能确保人们理解企业的使命及价值观（价值观决定了企业以何种方式实现目标）。

3. 要建设一种让员工觉得有信心、有能力做出决策的文化，给他们提供流程、信息和指导，促使他们顺利做出决策。

注释

1 The Business Directory, **www. businessdictionary. com/defl-ni-tion/empowerment.html**(accessed 17 June 2015).

2 Office of Rail Regulation(2013)' Final determination of Network Rail's outputs and funding for 2014 – 19' , **http://orr. gov. uk/_ data/assets/pdf_file/0011/452/pr13-final-determina-tion. pdf** (accessed 11 September 2014).

3 Spreitzer, G. M. (2008) ' Taking stock: a review of more than twenty years of research on empowerment at work' , *Handbook of Organizational Behaviour* , London: Sage , pp.54 – 72.

4 George , B. (2003) *Authentic Leadership: Rediscovering the secrets to creating lasting value* , San Francisco , CA: Jossey-Bass.

5 Leithwood , K. and Mascall , B. (2008) ' Collective leadership effects on student achievement' , *Educational Administration Quarterly* , 44 (4) , 529 – 561.

6 Uhl-Bien , M. R. and Marion , R. (2011) ' Complexity leadership theory' , in Bryman , A. , Collinson , D. , Grint , K. , Jackson , B. and Uhl-Bien , M. (eds.) *The Sage Handbook of Leadership* , London: Sage.

7 Robertson-Smith , G. and Markwick , C. (2009) ' Employee engagement: a review of current thinking' , Institute for Employment

Studies, **www.mas.org.uk/uploads/articles/Staff%20-engage-ment-current-thinking.pdf**(accessed 11 September 2014).

8 Towers Watson (2008)' Global Workforce Study 2007 - 2008: Closing the engagement gap: a road map for driving superior business performance', London: Towers Watson.

9 MacLeod, D.and Clarke, N.(2009)' Engaging for success: enhancing performance through employee engagement', A report to government; **http://www. engageforsuccess. org/wp-content/uploads/2012/09/file52215.pdf.**London: Office of Public Sector Information.

10 Mintzberg, H.(2009)' The design school: reconsidering the basic premises of strategic management', *Strategic Management Journal*, 11(3), 171-195.

11 Daum, K.(2013)' 8 tips for empowering employees', *Inc*, www. inc.com.

12 Blenko, M.W., Mankins, M.C.and Rogers, P.(2010)' The decision-driven organization', *Harvard Business Review*, 88 (6), 54-62.

13 Hugo, V.(1982) *Les Misérables*, London: Penguin Classics, Reprint.

第八章

鼓励协作

高水平的团队合作、利益相关者的参与和多团队合作能提高整个组织的协作水平，通过高水平的协作取得良好的结果是推动整合型组织发展的主要因素之一。在本章中，我们将探讨如何在整个组织内最大限度地利用这种更为开放和流畅的工作方式，提高端对端流程的效率。

　　我们将探讨：

　　◆为什么卓越的团队胜于个人，特别是当团队之间开展合作时；

　　◆如何通过强调相互尊重和影响来营造适宜的协作氛围；

　　◆积极的团队管理；

　　◆支持协作文化。

39
打破壁垒

贾达（Jada）是澳大利亚一家拥有多个品牌的大型时装零售商的人力资源总监，这家公司已有半个世纪的历史，但近来陷入了财务困境，高层管理团队对此大惑不解。公司效仿其他零售商开通了网络销售渠道，这提高了交付效率，公司甚至引进了顶级设计师设计时尚和高端的服装，但回头客的数量却不断下降，而且降速很快。

贾达知道，这家公司的员工协作性不强，各职能部门之间缺乏了解，孤岛思维很严重。例如，供应链上的人与从事设计工作的人交流时，双方很难理解彼此的意见。他们虽在同一家公司工作，但各自的体验却完全不同。

该公司的新产品上市速度也很慢。有一些时装零售商的新产品从萌发概念到进入店铺销售只需两周的时间，这样的速度让任何零售都倍感压力，特别是那些新产品上市至少需要六个月的零售商。

贾达意识到，公司迫切需要反思各个品牌和职能部门之间的战略协调和团队合作，公司需要提高供应链的效率，打破壁垒，采用更为协作的工作方式。

40

为什么协作很重要

实践一再证明，卓越的团队胜于才华横溢的个人。协作能把个人团结在一起，让他们齐心协力迈向共同的目标[1]。当团队有权在各个环节与其他团队合作并突破孤岛的限制时，组织绩效通常会得到明显的改善。由于协作建立在高质量的对话和相互影响基础之上，团队可以快速地适应不断变化的环境，找到破解老问题的新方法，从而更好地为客户服务。

卡岑巴赫（Katzenbach）和史密斯（Smith）[2] 对30多家公司的团队绩效进行研究后发现，高绩效团队共享有意义的目标，具有较强的敬业精神，对成为团队的一分子、与团队一起工作感到很满意。他们协同工作，非常了解和欣赏团队内每个人的优势和互补技能。此外，这样的团队还展现出了较强的解决自身问题的能力，他们共担责任，乐意采取行动，最重要的是，这样的团队能产生高质量的结果。

这与贝尔宾（M. Belbin）的研究相呼应，该研究表明，高效的团队在一系列测试和活动中的表现始终优于一群有才能的个人[3]。每个成功的团队都融合了不同的个人风格和技能，它们具有互补性，而且与共同的目标和方向保持一致。相比之下，有才华的个人竞争心太强，不能虚心倾听彼此的意见，这导致整体的绩效欠佳。

协作精神促使人们一起工作，他们不只通过团队中的角色发挥作用，还通过与各业务部门、品牌和职能部门的人合作发挥作用，唯有如此，整个企业的决策程序才能保持一致。高水平协作支持分布式影响，反之亦然。随着组织成员跨边界协作的能力增强，再加上为了提高决策和行动速度而下放决策权（见上一章的讨论），组织会变得更加灵敏，更有能力实现目标。

了解处于不同发展阶段的团队

在《团队的智慧》（*The Wisdom of Teams*）这部经典著作中，卡岑巴赫和史密斯绘制出了团队绩效曲线，显示了团队在从简单的工作小组转变为完全成熟的高绩效团队过程中所经历的各个阶段[4]。

机械的工作组合（The working group）。这样的群体没有显著提高绩效的需求或机会，因此还不能称之为团队。群体成员间的互动主要是分享信息、最佳实践和观点，为利于每个人在各自的责任范围内履职，这样的群体也会做出决策。

半真半假团队（Pseudo-team）。这类群体可能有显著提高绩效的需求或机会，但它没有关注集体的绩效或者没有真正地为实现集体的绩效而努力。尽管它自称为团队，但它没有兴趣确立共同的目的或绩效目标。就对绩效的影响而言，这类团队是最弱的。

> **潜在的团队**（Potential team）。这类群体有显著提高绩效的需求，而且真正致力于提高绩效。然而，通常来看，它需要有更明确的目的、目标或工作成果，需要更严格地运用统一的工作方法。它尚未确立集体的责任。
>
> **真正的团队**（Real team）。由少数具有互补性技能的人组成，他们致力于共同的目的、目标，采用统一的工作方法，共同承担责任。
>
> **高绩效团队**（High-performance team）。这类群体满足真正团队的所有条件，而且成员致力于彼此的成长和成功，有敬业精神。高绩效团队显著优于所有其他类型的团队，而且，考虑到其成员的素质，这样的团队取得的成绩会超出人们的合理预期。

在一家全球性消费品公司，为了提高整个组织的共享影响和协作水平，我与其首席执行官组建了一个全球领导团队，成员来自整个组织所有重要的业务和职能部门。后来，这个团队成了公司内协作共事的榜样，品牌团队精诚合作，职能和品牌部门联合制订商业计划。在此过程之中，企业变得更加灵敏了，稀缺资源的配置效率提高了，企业对当地市场的反应更迅速了。

虽然建设高绩效团队是建立更具协作性的文化的第一步，但是，鼓励团队加大程度地合作能促进组织追求共同的目标，并对组织绩效产生显著的影响。

过去几年里，随着团队变得更加虚拟化、更加跨越地域

和市区，一个特殊的领导挑战出现了。管理咨询公司麦肯锡
2006 年完成的一项研究表明，有 80% 受访高管表示，跨产
品、跨职能和跨地域的高效协调对维持企业的增长至关重
要[5]；然而，仅有 25% 的受访高管认为，其组织跨越边界的
知识分享是"有效的"。尽管组织在协作软件上投入了大量
资金，但效果不尽如人意。仅靠技术解决不了问题，只有当
团队协作的人力条件具备时，技术才会成为协作的基础。在
施乐公司（Xerox）和壳牌集团（Shell），为了提高工程性
能，遍布各地的工程社群运用技术进行共享式学习。结果显
示，工程师的效率和他们之间的协作水平显著提高，包括修
理影印机（施乐）和石油勘探钻井的效率（壳牌）。

　　为了使虚拟团队和协作在实践中发挥作用，你需要努力
进行沟通，要为会议设定明确的目标，要在沟通中强调它们
的重要性，而且要把虚拟工作与面对面的会议和团队活动相
结合。

人类对社区的渴望

　　团队协作为何能产生整体大于部分之和的功效呢？答案在于人
类对社区的基本渴望。正因为这种渴望，才有了利他主义，才有了
地方主义者的目标认同。世界卫生组织对社区的定义对我们很有启
发，它认为组织应该以人的愿望和动机为基础运营，不能依靠过时
的指挥控制模式[6]。

　　"社区增权"指的是促进社区增强自身掌控力的过程。社区是
由人组成的群体，这些人在空间上有可能有关联，也可能无关联，

235

但他们有共同的利益、关注点和身份。社区可能是本地的，也可能是国内或国际的，可能具有特殊的利益，也可能具有广泛的利益。

"增权"是指人们增强对影响其生活的因素和决策的控制力的过程。通过这个过程，人们可以增加资产、提高素养，建设获取机会、合作伙伴、网络和发声的能力，最终取得控制权。"促进"意味着人们不能被他人赋予权力，他们只能通过自己获取权力的方式增加自主权[7]。它假设人是自己的资产，外部主体的作用是激发、促进或者"伴随"社区获得权力。

这个定义的要点是，能让人们提高自主能力的只有他们自己，外部主体（领导者）只能促进、协助社区提高自主能力。这把第七章讨论的赋权与当前讨论的跨社区合作联系在了一起。

41

组织层面的协作

从组织层面来看，为了使协作成为公司的一大特色，你首先要营造适宜的协作氛围；其次你要建设强大的团队和加强团队间的协作；再次你要确保所有的团队为了更远大的目标而努力。

1. 营造适宜的协作氛围

协作可以团结各业务单位和职能部门，使它们在共享价值观的基础上和互相影响的氛围内，向着既定的方向和目标迈进，从而提高组织绩效。协作能提高端对端流程的效率，使各个环节实现无缝衔接。由于流程的各个阶段均创造了有价值的消费者，整个组织也就成了以客户为导向的组织。

在飒拉公司，各店铺经理及其团队每天都会报告当地消费者的购买情况，这些信息决定了企业的产品订购和生产次序。这样的运营方式，再加上人力协作、系统和流程的强大支持，使公司创立了一种联合的、以客户为中心的商业模式。要发挥这一模式的威力，每个人都必须在由战略目标和方向形成的框架内理解他们做目前工作的原因。这种高层次的理解能指导他们的行为和做出的每一个决策，正如在飒拉一样，对协作行为的奖励导致团队绩效实现了最优。例如，如果人们清楚，他们获得奖励是因为他们所做的事情最符合客户的利益，而不是因为他们实现了与公司目标不一致的个人目标，那么他们就会继续做最符合客户利益的事情。

要营造协作的氛围就不能姑息不利于协作的行为，强大的团队不会容忍具有破坏性的个人主义行为。我记得曾多次荣获奥运会金牌的英国赛艇运动员马修·平森特（Matthew Pinsent）说过，为了确定如何才能使赛艇加快速度，每次训练结束后，运动员们都会进行极为坦率、甚至是残酷的剖析。他们会非常具体、坦诚地表达他们的看法，指出哪些做法有效，哪些无效。但马修·平森特向我保证说，每个人都不是为了个人着想，每个人发表意见都是为了整个团队的进步。他们最终获得的金牌数量说明了一切。

克服来自组织孤岛的阻力是协作面临的一大障碍。正如我们在上一节中看到的，人类天生渴望成为社区的一分子，然而，这种渴望可能转化为群落式的忠诚和行为，一些职能和业务部门对本单位有强烈的认同，但对整个组织却没有，从而产生了"我们和他们"的心态。此时，领导者的职责是，以共同的方向、目标和价值观为基础，讲好组织故事，促使人们建立统一的身份认同感，最终将这些本地群落吸引到更广泛的组织社区里。

组织专家凯文（Kevin）和杰姬·弗莱伯格（Jackie Freiberg）列出了群落在组织内如此普遍以至于人们对"群落"的忠诚取代了他们对组织的忠诚的原因[8]，它们包括：

◆群落是自我保护工具。

◆群落提供身份认同。

◆在人们需要强烈的归属感的世界里，群落创造了情感上的联系。

◆群落给人们以安全感，是人们可以称之为家的地方，给人们提供了安全和保障。

◆群落自豪感通常会使其成员认为自己的想法和做法是卓越的。

◆人们首先受自利心的驱动，然后是对群落的忠诚，最后是对更大的组织或社区的共同利益的忠诚。

两位作者认为，要打破这些壁垒，你首先要理解群落存在的原因，为此你可以研究群落里的人做了什么、如何做的、什么人从他们身上获益等问题。然后你就能想办法让他们认同组织的叙事，鼓励他们形成更具协作性的思维。

叙事应当明确协作的成果，例如提供新的服务或改进已有的服务，完善财务管理和提高财务绩效，获得竞争优势、知识、良好的做法和实现信息共享，增强复制成功的能力，更好地协调组织活动和建设更加相互支持的文化。要让人们树立大局意识，促使他们积极开展协作，互相支持，互利互惠。

2. 建设强大的团队和加强团队间的协作

我们可运用德雷克斯勒/西贝特（Drexler-Sibbet）七阶段团队绩效模型来促进组织的协作[9]，利用该模型能帮助你成功地树立团队和协作心态。

1. 定位：我为什么会在这里？ 团队建立时，每个人都想知道自己为什么会在团队，如何适应团队以及其他人能否接纳自己。他们需要了解团队的目标，需要萌发团队身份认同感和成员感。如果他们不理解目标、方向，害怕失败或未知的事物，那么问题就会出现。

2. 建立信任：你是谁？ 接下来，人们想知道他们将与谁一起工作及他们的期望、工作安排和能力范围。建立相互信任的关系至关重要。要鼓励相互尊重，对彼此敞开心扉，待人坦诚，互相信任。危险的迹象包括行为过于谨慎、不信任或者不表达真实的想法。

3. 目标明确：我们在做什么？ 团队更具体的工作首先是，确定清晰的目标、基本假设和愿景。这包括设定具有里程碑意义的成果和衡量进步的标准。成功的关键是做出明确的假设、设定具体的目标和共享愿景。存在问题的迹象包括冷漠、怀疑和毫无意义的争吵或博弈。

4. 下定决心参与：我们将如何做？ 这是团队建设的关键

阶段，需要敲定资源如何配置、时间如何安排、谁负责哪些决策以及如何做出决策等。这个阶段的关键是，成员们要真正地下定决心为实现团队的主要目标而努力。下不了决心的成员会缺乏责任心，会把决策任务留给他人或不遗余力地阻碍工作的推进。

5. 执行：谁做什么工作？何时做？在哪里做？ 随着工作的开展，及时、有序地履行职责就变得至关重要了。必须说明任务、时间和拟实现的目标并遵循行动计划。总体目标越明确，个人发挥创造力的余地就越大。虽然可以采用许多方法实现整合，但无论采用哪种方法，都需要制定明确的流程，确定各项任务的次序并严格执行，否则，各种问题就会显现，例如冲突和混乱、活动不协调、错过最后期限等。

6. 高绩效。 掌握了方法后，团队就能调整目标，并对环境快速做出反应了。这会导致创新的思维和行为，并产生超预期的结果。团队成员会在鼓励之下自发地互动，并产生协同感。危险迹象包括承担任务过多、负担过重。

7. 更新：何以为继？ 团队是动态的。人们可能会感到疲倦，团队成员可能会调整。这正是汲取经验教训并为下一轮行动做准备的时候。这一阶段的关键包括：认可和表扬取得的成绩、提高适应能力和找到保持后劲的源泉。重新审视最重要的目标，花时间反思已取得的进展和未来的发展方向，运用这些方法可实现这一阶段的目标。

　　了解团队成长的不同阶段很重要，因为每个阶段都需要不同的领导参与以促进团队的进步。此外，一些群体稳步成长，而一些群体可能陷入某个阶段止步不前。只有了解了团队成长的过程，领导者才能做出最有效的促进行为。想一想你的团队和企业内你最信赖的其他团队，它们正处在发展过程中的哪个阶段，然后决定如何以最有效的方式促使它们进入到下一阶段。例如，在建设团队和促进协作的早期，领导者的侧重点应该是提出适宜的方向和结构性安排，给团队成员提供一个安全的环境，在这个阶段，团队内还存在混乱和不确定之处，团队成员要了解既定的目标并认识彼此。随着工作的推进，当人们争夺职务并试图就优先事项进行协商时，冲突就会出现，此时，领导者需要集中精力促进团队的商讨，建设性地管理冲突，并使团队专注于他们的目标。

协作很重要但不容易做到

团队协作确实很重要。如果人们在孤岛中行动，跨职能的协调就不会实现，你也得不到最佳的结果。但经营企业的现实是，企业实现完全的协调需要额外投入大量的精力和资源，企业负担不起，对企业而言也不现实。

安吉拉·斯宾德勒（Angela Spindler），N 布朗集团有限公司首席执行官

当人们适应了新的工作方式时，你会发现，他们会本着尊重和友爱的精神找到更多的协作方式。此时，领导者需要重视人际关系的促进问题，为合作制定可接受的行为规范和

策略，明确成员职责和团队结构，确立团队精神和激励机制。

当你看到团队的协作方法趋于成熟、人们安心地做手头的工作时，你要给团队成员执行计划留出空间，确保必要的资源到位，提供适当的关系和任务支持，必要时向团队成员赋权，并了解总体的进展情况。领导者应当就个人和团队绩效提供反馈意见，他们取得成绩时要公开表扬。

虽然这样的做法可以为组织取得良好的结果奠定基础，但遗憾的是，我们不一定有足够的时间来建设这样的团队，因而也就无法高效地经营企业。作家兼哈佛大学商学院（Harvard Business School）诺华（Novartis）领导力教授艾米·埃德蒙森（Amy Edmondson）指出，鉴于今天的变化速度、市场竞争的激烈程度以及客户需要和需求的不可预测性，企业有时需要快速采取行动才能解决问题[10]。因此，企业要快速地实现特定的目标，就需要来自不同领域和地域的同事以及外部专家的共同努力。

埃德蒙森发现，在各行各业，越来越多的公司应对"团队配合"问题时都很吃力。在这些公司，各个团队成立的时间、成员和目标均有差异，再加上技术和人际关系面临挑战，局面很混乱。领导者应专注于能促进技术以及强调方向、目标和共享价值观的文化，这样每个人不仅了解他们正在做什么，还了解其中的原因。然而，如果你已经制定了明确的流程，能在上述各个阶段支持团队快速成长，那么你就能快速地把人们聚集在一起，让他们高效地解决特定的问题，不断迈向成功。

消费品企业的合作

我们的一个客户是英国的一家大型消费品制造商，2012 年，该公司为了精简业务，将三个单位缩减为两个。到了 2013 年，它进一步重组，最终只剩下了一个单位，它下设两个部门，一个负责批发生产事宜，一个负责品牌事宜。我们的工作是帮助该公司完成两个部门的整合。

我们与个人和团队合作，采用了新的协作方法，提高了跨职能流程的整合度和效率。取得这样的结果主要是因为：首先，我们帮助公司领导者和管理者开发了新的行为和思维模式；其次，公司整合了两个旧部门的流程。在完成了一系列艰苦的工作和富有挑战性的对话后，该公司的整合取得了圆满成功。

跨职能的团队协作对促进这类转型的成功至关重要，它能使组织明确其战略、价值观和所有同事的行为。起初，我们的焦点是打造高度整合的董事会，使其作为一个跨职能的团队发挥效力，率先垂范新行为。当首席执行官改变立场，从关注流程转变为关注行为时，发生质变的时刻来临了。当他意识到领导团队需要转变思维并以实际行动展现了思维的转变时，企业的其他人员纷纷开始效仿，这反过来使端到端的流程开始发挥效力。

---

3. 促使团队为了更远大的目标而努力

　　领导者要成为推动者，就要在大多数时候成为引导者而非下命令者。在将协作方法嵌入到企业文化和思维的过程中，我们上一章探讨过的促进功能发挥着核心的作用。

　　值得重申的是复合型领导力的三个功能，它们有利于人们采用更加整合的工作方式[11]。行政管理功能事关强大的核心方向、战略、目标和价值观；适应功能事关以灵活的工作方式适应快速变化的环境，例如当地市场的环境；促进功能平衡了前两个功能，建立了协作和相互尊重的文化。将这几个方面有效地结合，组织就能够从容地应对不可预测和不断变化的环境。

　　作为领导者，为了明确、公开地鼓励人们跨越所有传统的界限，进而促进协作，你要发挥推动者的作用。我建议你先从自己的团队开始，这样你可以展示你想从团队那里得到什么。然后，通过倾听和回应，以及促成团队内部和团队之间的合作，你可以帮着安排高质量的对话，并在整个公司中分享决策权，而且，这一切都是为了客户和组织的最大利益而非任何团队或职能部门的利益。这意味着组织利用了其人力和优势，同时也为了共同的利益进行了精心的协调。你的参与度、你的积极主动性和你对工作方式变化的影响并不亚于你在象牙塔上进行指挥，只不过你关注的是让人们提高效率，齐心合力、理智地解决问题，让他们多考虑团队，因为他们的工作离不开团队的输出。要做积极的推动者，而非被动的旁观者。

从高层领导指导员工作决策到本地领导者鼓励员工学习和适应，这些行为都是为了促使组织在接受相互影响、尊重他人、做出平衡组织需求和客户需求的审慎决策的基础上进行经营。

找到冲突的根源

"五问法"（Five Whys）能帮助你解决团队冲突，该方法的五个基本步骤是：

1. 召集团队成员，商定问题陈述。

2. 向团队提出第一个"为什么"：为什么这个问题会发生？你可能得到三至四个合理的答案，将它们全部记录到活动挂图上。

3. 接下来连问四个"为什么"，针对工作表上记录的每个问题重复这一过程。将得到的每一个答案贴在前一个答案附近，找出合理的答案并进行深入的探讨。当无法通过提问"为什么"获得更多有用的信息时，你将确定导致冲突的根本原因。

4. 在最后一问的多个答案中寻找导致问题产生的系统性原因，讨论它们并商定最有可能的原因。

5. 确认了最可能的根本原因后，为团队消除根源并采用更加积极的工作方式制订行动方案。

注意，在团队环境中，你处理的人际关系问题可能与流程和系统问题一样多，因此，虽然处理人际关系问题是理性的活动，但你可能要面对人们更为情绪化的反应，这很好。尊重每个人的观点，并保持"成人"模式。制订解决问题的计划时考虑情绪问题，这有利于你区分行为与性格。

42

领导者扮演的角色

身为领导者的你在这一过程中该如何表现呢？为了在企业内推行互相尊重的工作方式，消除孤岛，你要率先垂范，成为协作者的榜样，并提高倾听的技能。

1. 做一名协作者

为了提高整个组织的协作水平，你能做什么呢？根据我的经验，当你开启或继续一段旅程时，若你想带着组织大部分的人上路，那么你可能会面临一些挫折。正如提高决策权的下放程度需要先转变文化一样，推行更加合作的工作方式也需要先转变人们的心态和做法。

你不能让人们改变心态——他们必须选择采用新思维方式。作为领导者，你能做的就是引进新思想，为人们创造安全实验的机会，并识别和确认那些敢于冒风险采用新工作方式的人。这需要你投入时间，需要你有耐心和一定的决心，需要你克服愤世嫉俗的心理和避开协作、尽快自行解决每个特殊问题的自然欲望。

但坚持协作的回报可能是巨大的。根据格利等人（S. M. Gully et al）的研究，"集体效能较高的群体往往设定较高的目标，制定出色的战略，体验积极的群体内效果并选择适当的任务，所有这些最终都提升了群体绩效"[12]。相关研究反复证明了团队合作和协作对组织绩效和端到端流程效率的积极影响[13]。这意味着你可以更快地向客户提供产品，更快地响应不断变化的市场条件，更快地降低成本。

我从以往的惨痛经历中得到的一个重要教训是，当你乐于接受他人的影响时，你的影响力就会增强。他人会效仿你的行为，如果你想让协作和相互影响的风气弥漫于你的企业，那么你就需要经常表现出协作和乐于受他人影响的行为。

图8.1显示了协作型领导风格、指挥控制型领导风格和共识型领导风格之间的区别。我们寻求建立的是更加整合的组织，它能明智地应对外部挑战，有效地推动内部绩效的提升，我们要摈弃指挥控制的旧风格，因为这种风格更适合于以前那种稳定、可预测的环境，那时通讯缓慢，消费者掌握的信息比公司和政府少得多。

在当今的网络化社会中，我们需要运用新的领导方法，一种能与世界各地的消费者保持关联、与他们的步调保持一致的整合方法。由于达成共识的速度很慢，共识型领导也做不到这一点，这种风格适合于工作中对速度要求不高的小规模群体。只有协作的、整合的方法才能满足我们的速度和灵

敏性要求，才能使我们在当今和未来的市场中与其他企业一
较高下。

三种领导风格对比			
	指挥控制型风格	共识型风格	协作型风格
组织结构	层级型	矩阵型或小规模群体	分散的、跨组织的网络
谁掌握相关信息？	高层管理者	正式指定的成员或相关地域和领域的代表	各个层次和地点的员工以及各类外部利益相关者
谁有权做出最终决策？	组织最高层具有明确的权力	各方具有相同的权力	引领协作的人具有明确的权力
问责和控制的基础是什么？	财务结果（按计划）	按职能或地域划分的诸多绩效指标	实现共同的目标
在哪些领域最有效？	在层级明确的组织里最有效，在结构复杂、创新非常重要的组织里效果最差	在小规模团队中有效，在速度极为重要的团队中效果最差	对各种群体和跨单位、跨公司的工作很有效，对创新、创造力至关重要的组织很有效

图 8.1 协作型领导的关键属性

来源：伊巴拉和汉森（Ibarra and Hansen）[14]

协作型领导者的一个关键特征是，他们看问题时不受组织边界的束缚，视野开阔，能看清身处的大环境。如果你能向组织内各个层次的领导者灌输全局意识，让他们了解企业所处的大环境，了解客户、供应链、竞争对手的行为和监管

者的要求，那么他们就会明白，要让客户感到满意，从本公司而不是其他公司购买商品，他们就必须高效地开展工作，与不同业务和职能部门的团队合作。

协作的威力

《福布斯》（Forbes）杂志的梅根·比罗（Meghan Biro）认为，让人们认识到协作的价值非常简单[15]，只需要让他们列出自己最感兴趣的五种产品或服务即可。比如：苹果手机？唐顿庄园（Downton Abbey）？P站（Pinterest）？奇巧巧克力（Kit-Kat bars）？推特（Twitter）？你列出自己的名单了吗？你名单上的名字无一不是团队成功协作的结果。当然，也可能存在一些半疯癫的天才，比如史蒂夫·乔布斯（Steve Jobs），他们提供了领导灵感，但若没有协作的支持，这些灵感就只是无法落到实处的奇思妙想而已。

---

2. 倾听和表达尊重的艺术

在协作环境中，运用父母对孩子的那种"指令式"风格会适得其反，相反，你必须学会倾听，必须表现出对他人的尊重，而且要乐于接受他人的影响，唯有如此你才能影响他人。相关的技巧包括：

◆ 当双方担忧的问题都很重要以至于无法达成妥协时，找到一个综合的解决方案；

◆ 不断探究，例如测试你自己的假设并了解其他人的观点；

◆向不同的人征求意见，从中得到启发；

◆决策时考虑他人关切的问题，以此取得他人的支持；

◆展现出你渴望与他人合作的态度，特别是当你想赢得
他人的信任并在此基础上建立融洽的关系或改善僵化
的关系时。

这需要你精心安排与各方的对话。为了得到理想的结果，对话时你要考虑到所有观点，要让对方有被倾听的感觉。这需要你运用出色的沟通技巧，例如要引导人们畅所欲言，要管理不同职能群体相互竞争的需求。

我记得以前曾指导过一位高管，她在大部分时间里都能贯彻协作精神，但当截止日期来临或问题涉及 CEO 时，她就会陷入"家长式的恐慌"中。她会变得专断，听不进他人的意见，会让团队成员返工，对周围的每个人都过于挑剔，周围的人因此对她怨声载道。例如，她觉得团队内一位专家级成员没有大局意识，因此否决了他的提议，她的做法对解决问题没有任何帮助。我的主要工作就是帮她认清自身的问题，避免发生这样的封闭型对话。封闭型对话最直接的表现是，你头脑里已经有了先入之见，你虽然与他人进行了讨论，但你最终做出的决策与你最初的想法是一致的。换句话说，谁位高权重，谁就可以为所欲为。这位高管的作风打击了团队成员的积极性，在没有搞清楚她的意思之前，他们都不敢越雷池一步了。对于决策事宜，他们都唯恐避之不及。

若她能改变之前的作风，重新赢得团队成员的信任，那么他们就会愿意承担一些风险，但这需要一段时间。

最终她与团队成员开展了共享型对话，表达了对他们所重视的事项的理解，并给了每个人在协作氛围中权衡各种方案的机会。在她的推动下，团队成员们开始考虑各种方案并在最终目标的指引下共同做出了决策。他们不再像以前那样做任何事情都如履薄冰了，也不再只考虑每一方的利益和从决策中能得到什么好处了。每个人都更愿意做出决策，决策因而变得更容易实施了，而且实施得很成功。

在图 8.2 中，我们总结了封闭型、开放型和共享型对话的特征。作为一名整合型领导者，你肯定希望你与员工的对话能从开放型上升至共享型，最终使所有的对话都能达到共享型级别，此时，你们是在一起创造意义，探求真理。

	封闭型对话	开放型对话	共享型对话
说	告知或控制 意见变成"真理" 回避问题 争论或辩护	冷静地回应 探求其他人的观点 分清情感与事实 交流想法	一起创造 探求真理 提出想法 具有共同的意图 共同参与
听	不倾听，不改变想法 操纵结果 盘问他人 不反思	求知欲强，认真思考 积极倾听 真正感兴趣 得出结论	关注共有的想法 提供新鲜的观点 促进其他人思考 提出适宜的问题

图 8.2　不同级别的整合型对话

来源：西鲁斯

图 8.2 显示的是如何从封闭型对话提升至开放型对话，再从开放型对话提升至共享型对话，包括说与听两个方面的做法。从图 8.3 中我们能看出对话的共享性特征是如何逐步增强的。无论你从哪里开始，你都可以通过运用成人风格、寻求积极的结果和保持情绪稳定来提高对话的整合性。请记住，作为一名领导者，你有责任让你参与的每一次对话都变得积极和有意义。

	封闭型	开放型	共享型
如何改进	• 澄清你的意图 • 明确他人的意图 • 注意说出的前几个字 • 我们不是促进了对话，就是阻碍了对话，没有其他中间结果	• 明确问题是什么 • 了解彼此的兴趣和观点 • 关注我们知道的信息 • 摆明和讨论任何问题 • 反思你的贡献，确保它是有益的	• 关注共享的目标 • 确认共享的决策 • 商定促进对话的方式方法 • 促进对话

图 8.3　提高对话的整合性指南

来源：西鲁斯

CEO 的战略性倾听

生物技术公司安进（Amgen）的 CEO 凯文·沙拉尔（Kevin Sharer）在接受《麦肯锡季刊》采访时说，战略性倾听是敬业的领导者可利用的强大工具[16]。他说：

"作为一名高级管理人员，特别是当你负责一个重要的职能部门或分公司时，你要在一个非常复杂的生态系统中工作，这个系统有许多重要的信息源。你心里要清楚当前的现实情况，要明白形势

续表

> 是不断变化、不明朗的。正因如此，关注我所称的'战略性倾听'才显得如此重要。战略性倾听是目的明确、从多个方面考虑、极重视时间的倾听系统，它能帮助你从生态系统中获得所需的信号。
>
> "你必须积极地寻找这些信号，并使出浑身解数接收它们。我把单一的信号视为信息的马赛克拼贴，用一块马赛克拼贴拼不成一幅图片，而你永远都得不到所有的拼贴，但是通过拼合它们，你大概会了解图片是什么样子的。我收集拼贴的方法包括：定期拜访公司人员并听取他们的汇报，他们不一定是我的直接下属。我还尽可能地阅读调查报告、运营数据、分析报告、监管报告、外部分析等。我每年与十大股东会面两次，而且我认为股东大会上的问答内容非常重要。关键是你要乐于接受来自任何地方的信息。"

43

案例研究——贝宝公司的协作

贝宝公司自 1998 年成立以来，一直勇立数字支付革命的潮头。2014 年，其全球平台处理了 40 亿笔支付业务，涉及的货币多达 100 多种。依靠 1.69 亿活跃用户，贝宝公司打造了一个开放、安全的支付生态系统，个人和企业可以利用它在网上、实体商店和移动设备上安全地进行交易。

在很多人眼里，贝宝是创新的市场领头羊，它把协作和重视人才视为持续创新的必要条件。公司在招聘和选拔员工时会评估其协作能力，在决定薪资和升职加薪时也是如此。公司通过精心组织的活动和非正式的社交活动建设协作文化，而且它一直重视团队合作、沟通和共享决策。

玛丽·亚力山大（Mary Alexander）是贝宝公司负责欧洲、中东和非洲人力资源工作的高级总监，她指出："我们的组织结构是矩阵式的。我们的员工具备出色的沟通技巧，能与同事建立持久的关系。当需要快速满足客户的要求时，员工们能够利用这些关系开展合作，实现共同的目标。"

贝宝是很多人心目中的首选雇主，对于员工需具备哪些条件才能在组织里取得成功，公司有非常明确的标准。玛丽说："协作是我们重视的技能之一，我们会评估个人与他人的契合度。"

公司每个季度会为新入职的员工举办社交活动。玛丽说，"发展关系非常重要，我们想把所有人汇聚一堂，让他们分享诀窍，提供指导，这有助于加入贝宝的新人取得成功。"

公司还定期举办区域性或全国性的集会，这被称为"全体人员大会"，即企业各个层次的人聚集在一起分享各自掌握的信息。业务单位也定期举办论坛，参与论坛的人可进行公开的对话，也可借机展示新的发展成就和分享客户体验。排名前 80 的欧洲贝宝领导人每月都会碰面，分享与业务更新和挑战有关的信息。

欧洲分公司的员工参与度高达 94%。玛丽说："我认为导致这一结果的部分原因是，我们的总经理们奉行以人为本的理念，他们投入了大量的时间激励员工参与，而且创造了开放的环境。"

领导力提升的重点是提升团队和集体的效力以及个人领导效力。"我们关注的是能促使团队成功和脱颖而出的因素，从一定程度上说，这指的是跨越边界工作和通过不同地域、不同时区的员工的工作取得成果的能力。"

高级领导人都很平易近人，他们会虚心征求他人的意见和建议。玛丽说："员工们表达异议时不会感到害怕。我们鼓励他们畅所欲言，哪怕是提负面的意见。高层领导人自己会做出表率。"

贝宝奉行以客户为中心的服务理念，这一点举世皆知。"客户是我们一切工作的核心，没有他们，我们根本无生意可做。我们的领导人积极地落实客户至上的理念，使用贝宝系统买卖的消费者和在贝宝的帮助下做生意的商家都是我们的客户。"运营团队与销售人员和合作伙伴经理们密切合作，确保提供令客户满意的、稳定的高质量服务。欧洲销售学会（The European Sales Academy）专门总结销售和关系管理领域内的最佳实践，在它的帮助下，员工们了解了不同的产品和服务如何满足不同的客户，而且他们也能设身处地为客户考虑了，进而与客户形成了良好的互动关系。

玛丽说："当我们推出新产品和服务时，我们会确保有大量的内部员工在开发过程中体验过它们，我们也经常邀请客户参加贝宝举办的论坛，而且会派一名高级管理人员出席，了解客户的体验并倾听他们的意见。"

贝宝的价值观为其协作文化奠定了基础。人人皆有自己的看法，公司也鼓励员工们表达自己的看法。"我们的价值观之一是'讨论''决定''交付'，另一个是'真诚''开放''直接'。人们在日常对话中经常提及这些价值观。例如，有人可能说，'本着开放、真诚和直接的精神，我想对此提出质疑'。我们的价值观支持更为开放的沟通方式，鼓励员工们把各种问题、观点和想法都摆在台面上。"

自省问题

以下问题供你思考，为便于日后参考，可做一些笔记：

◆你的领导团队表现如何？要起到模范带头作用，它需要在哪些方面做出改进？

◆你的公司如何对团队提供支持？是否有精心设计的流程来确保团队高效地开展工作？

◆你的组织是如何开展协作的？为了促进端对端的协作，你应关注哪些方面？

整合型领导者核验清单：

1. 团结就是力量。当你把企业的各个部分凝聚在一起、提高了团队合作和协作水平时，你就提高了企业的生产率和价值。

2. 人类有建立联系和开展合作以及成为社区一分子的自然倾向，社区给了我们身份认同和安全感，当我们把社区打造成公司时，我们会有很特别的体验。

3. 从你的团队开始，以更快更好地服务客户为主要目标，推动跨职能、跨地域的合作。

注释

1 Belbin, R.M. (2011) *Management Teams: Why they succeed or fail* 3rd edition, Oxford: Butterworth-Heinemann, pp. 18–19.

2 Katzenbach, J.R. and Smith, D.K. (1992) *The Wisdom of Teams: Creating the high-performance organisation*, Cambridge, MA: Harvard Business Review Press.

3 Belbin, M. Belbin Team/Group Reports, **www.belbin.com.**

4 Katzenbach and Smith, op.cit.

5 Cross, R.L., Martin, R. D. and Weiss, L.M. (2006) ' Mapping the value of employee collaboration', *McKinsey Quarterly*, August, 29–30.

6 world Health Organization (2009) ' 7th Global Conference on Health Promotion: Track themes', October, **www. who. int/ healthpromotion/conferences/7gchp/track1/en/** (accessed 17 June 2015).

7 Laverack, G. (2009) *Public Health: Power, empowerment and professional practice*, 2nd edition, Basingstoke: Palgrave Macmillan.

8 Freiberg, K and Freiberg J. (2014) ' 17 strategies for improving collaboration', **www. freibergs. com/resources/articles/accountability/17-strategies-for-improving-collabora-tion/** (accessed 17 June 2015).

9 Drexler, A. and Sibbet, D. (2008) ' Team performance model' , **www.grove. com/site/ourwk_gm_tp. html** (accessed 17 June 2015).

10 Edmondson, A.C. (2012) ' Teaming on the fly' , *Harvard Business Review* , April, 3-14.

11 Uhl-Bien, M. R. and Marion, R. (2011) ' Complexity leadership theory' , in Bryman, A. , Collinson, D. , Grint, K. , Jackson, B. and Uhl-Bien, M. (eds.) *The Sage Handbook of Leadership* , London : Sage.

12 Gully, S. M. , Incalaterra, K. A. , Joshi, A. and Beaubien, J. M. (2002) ' A meta-analysis of group-efficacy, potency, and perform- ance : interdependence and level of analysis as moderators of ob- served relationships' , *Journal of Applied Psychology* , 87 : 819-832.

13 West, M.A. (2012) *Effective Teamwork : Practical lessons from or- ganisational research* , Chichester : John Wiley & Sons.

14 Ibarra, H. and Hansen, M. T. (2011) ' Are you a collaborative leader?' , *Harvard Business Review* , July-August, 68-74.

15 Biro, M. M. (2013) ' Smart leaders and the power of collabora- tion' , *Forbes* , 3 March 3, **www.forbes.com/sites/meghanbiro/ 2013/03/03/smart-leaders-and-the-power-of-collaboration/** (accessed 20 February 2015).

16 McKinsey & Company (2012) ' Why I'm a listener : Amgen CEO Kevin Sharer' , *McKinsey Quarterly* , April, 3.

第九章

创建灵敏的组织

提高组织的灵敏性已成为当今领导者的首要任务之一，但愿望与现实之间存在着巨大的差距，因为它要求在嵌入组织的灵活性和对客户及竞争对手做出积极的响应之间保持微妙的平衡，同时要坚持明确的目标和方向。

本章讨论如何通过下列方法应对当今动荡不安的环境：

◆通过释放同事的创业精神进行创新；

◆建设学习性组织；

◆成为一名适应型领导者；

◆理智地确定优先事项。

44

应对动荡不安的环境

今天的高层领导者都非常清楚，灵敏性对企业应对 VUCA 世界（以动荡、不确定、复杂和模糊为特征）至关重要[1]。他们知道，顾客的要求日益提高，竞争对手和新技术挑战日益增加，企业要在这样的环境中生存，就要有过硬的本事。

对于大多数组织来说，"旧"世界的那种可预测性已不复存在。在过去的 20 年里，我们经历了两到三次深度的经济衰退，企业—客户关系出现了中断，社交媒体日益普及，人们对透明度和问责制的要求提高，技术越来越具有颠覆性。

大多数组织都在全球化的大背景下经营，它们直接或者通过客户相互依存，这导致了高度的不确定性，因此组织需要具有灵活性。指挥控制型领导风格不适合这样的环境，因为它过于强调集中式决策，不利于个人发挥主观能动性。如前所述，复杂适应系统知道如何在不可预测的环境中生存和发展。适应型领导综合了变革型领导思维，有助于组织适应新的现实[2]。它通过有效的诊断和行为来改革整个系统，并不依靠系统内的技术变革（这样的变革通常不太成功）。随着系统趋于稳定，适应型变革强调创新和学习，也强调坚持、观察和克服障碍。海菲兹等人（Heifetz et al.）曾讨论过"非均衡生产区"，它就像压力锅一样，能促使变革持续下去，与技术界发生的颠覆性变化相呼应。本章稍后将讨论如何运用颠覆性领导力提升技术，帮助领导者以更具适应性的方法应对变化。如果你还记得我们在第二章讨论过的速度惊人的技术进步，你就会意识到，采用新的领导方式已刻不容缓。

颠覆性技术

2013 年，麦肯锡全球研究所（the McKinsey Global Institute）公布了一份研究报告，这份报告中确认了未来几年内可能推动大规模的经济转型和颠覆性变化的 12 种技术[3]。据估计，到 2025 年，该报告中提及的这 12 项技术的应用每年可能会对经济产生 14 万亿~33 万亿美元的影响（如图 9.1 所示）。根据麦肯锡的说法，这种估计既非预测性的，也不全面。该研究所深入分析了这些技术的潜在应用领域，估计了它们通过各种途径创造的价值，包括因产品更新换代、价格降低、环境更清洁、健康程度提升带来的消费者剩余。

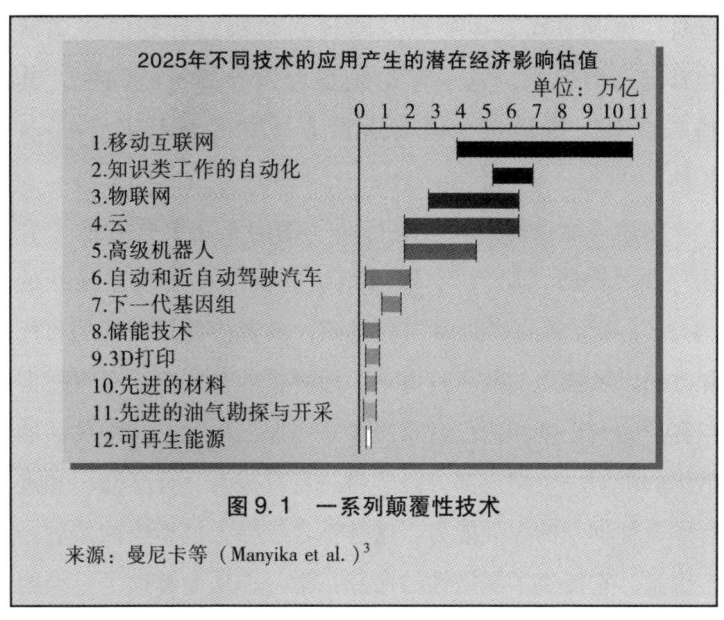

图9.1 一系列颠覆性技术

来源：曼尼卡等（Manyika et al.）[3]

正如西米纽赫（C. E. Siemieniuch）和辛克莱（M. A. Sinclair）所说，"在未来30年"内，我们将设计和提供我们现在完全想象不到的产品，这些产品的用途可能会发生巨大的变化，我们可能使用现在尚未问世的材料，运用现在尚不存在的流程，我们的供应商可能与现在截然不同，而且我们要利用利润（我们仍然必须赚取），与现在尚未步入职场的人一起完成这一切[4]。

《牛津英语词典》将"灵敏"定义为"能快速、轻松地行动"[5]，因此，组织灵敏性体现了一个悖论：一方面，你必须能够快速地识别新出现的威胁和挑战并加以应对；另一方面，你要对战略计划和执行计划的协调活动有坚定的愿景。这一悖论是整合领导的核心问题，其基本原理保持稳定，但其运作方式却是灵活且不断演变的。

创建"能迅速、轻松地行动"的组织需要强壮的"脊柱"和柔软的"肌肉"。嵌入组织的灵活性必须以强壮的"脊柱"和灵活的"肌肉"为基础，前者指的是明确的目标和方向以及强烈的共享价值观，后者指的是同事们有权根据与客户的亲近度和信任度及协作意愿做出决策。这种灵活的结构的最后一个组成部分是学习、自我提升、分享知识和进行颠覆性创新的先天能力。这是整合领导力模型中的最后一个因素，它提供了灵敏性的命脉：学习，从而解锁了模型的其余部分。

整合领导力的关键在于它是"网络化的"，组织内的人群策群力，能够在保持集体凝聚力的同时对本地的优先事项做出反应，就像成功的足球队或橄榄球队一样，既可以利用集体的智慧，又能在不破坏战术队形的基础上保持高度流畅的运动。每个队员都知道集体的目标是什么，因此能在恰当的时间、恰当的地点做出正确的判断，在面对竞争时保持相互依赖。

通过学习、创新、持续的改进和管理模糊性，你能促使组织在由目标、方向和价值观设定的参数框架内快速应变并对本地需求快速地做出反应。正如一位 CEO 对我说的，虽然对灵敏性的需求在很大程度上受技术的推动，但要提高灵敏性，需要改变人们的工作方式、思维方式、看待数据的方式以及他们与客户打交道的方式。

45

创新：释放创业激情

促使员工们培养创业、积极反应和敢于冒险的心态，是我合作过的许多公司面临的一大难题。在员工人数为数十人、甚至成千上万人的企业里，这更是一个巨大的挑战。在小规模的新创企业中，建立和维持创新文化相对容易，这里的员工都富有激情，都喜欢开拓，但在成熟的大企业里，做到这一点很难。

在创新文化中，客户对组织非常重要，每一项工作都是为了预测和满足客户当前和未来的需要和需求。身处行事快速、灵活和应变能力强的文化氛围，人们会自然而然地以符合企业和客户最佳利益的方式做出反应。这会推动人们突破常规思维，在流程、产品和服务方面实现真正的创新，坚定不移地致力于市场开拓和商业成功。通常情况下，人们都是非常有能力的，热衷于团队合作，并能促使他人构思和表达创新，推动创新产品真正上市。这些人兴趣广泛，好奇心强，追求进步，永不满足于现状，为了客户的最终利益不断提升自我。一些公司树立了这样的竞争文化：无论创意是来自外部还是内部，公司都要以最快的速度从出色的创意中获得最佳的结果。为了把创意商业化，除了行事灵敏以外，组织还要严抓落实，重视每个环节的质量。

据我所知，有一家大公司采用鼓励员工从"快速失败中学习"的方法，换句话说就是，公司鼓励员工首先做小型实验，若实验失败，员工从中汲取教训并在下一次实验或下一个项目中进行借鉴。注意不能对实验设置太多的规则。快速应用开发和原型开发是提高灵活性和承担风险的相关方法，采用这些方法能降低潜在的风险，使风险更易于管理。

重要的是开发出一个能发挥创造力和创新精神，可以对创意进行研究和分析，能找到最有前景的发展之路并实现目标的可持续、可重复的方法引导程序。需要注意的一点是，孤立地进行创新很少能成功，要多与组织内外的人会面，交流思想、互相学习，分享最佳的实践经验是创新成功的关键。要组建跨职能的团队，要从不同的角度考虑同一问题，这样做可以得到富有创意的解决方案，而且有助于消除职能部门的孤岛心态（同事们都向内看，热衷于保护他们的地盘而不是寻求创新理念）。

国家方法和工具合作中心（The National Collaborating Centre for Methods and Tools）[6]为塑造创新文化提出了以下框架：

1. 寻找成功之处。指派模范团队或者协调员负责这一过程，制定常规程序，寻找内部成功的做法。例如，可运用"事后检视法"对活动举办或项目实施期间发生的事情进行梳理，从中汲取有益的经验。

2. 识别和验证最佳实践。 确定哪些做法提高了绩效。例如，确定是环境还是个人因素，抑或是内部的做法导致了一个单位的成功。运用内部基准对比组织内不同单位的绩效可能是有益的，尤其是当这些单位从事相似的活动时。

3. 记录最佳实践。 描述最佳实践并存档。引导人们关注最佳实践的开发者和相关社区，以便他们可以从他人的实践经验中学习。例如，在文华东方酒店就设有一个共享的最佳实践数据库，每家酒店都可以贡献最佳实践的案例，也可以从中学习。集团鼓励跨地区的分享。

4. 制订分享最佳实践的战略计划。 制订和实施战略计划，与最受益的潜在用户分享有关内部最佳实践的信息。这包括确认和寻求一些人的支持，他们有助于创造对开发最佳实践的需求和在工作中学习的需求。实践社区能将专业兴趣相同的人（如软件工程师或质量技术监督人员）聚集在一起交流见解和经验，施乐公司对其复印机工程师们就是这么做的。

5. 调整并应用最佳实践。 最后一步是帮助人们根据自身环境运用最佳实践，这可能需要对最佳实践做出调整。例如，可根据不同的环境或职能领域制定运用最佳实践的指南。在三通移动公司，运营网络的团队提出的创意经过调整后才能在多渠道零售领域运用。

> **为学习喝彩**
>
> 这种创新方法可以用社交网站领英的创始人雷德·霍夫曼（Reid Hoffman）的一句名言来总结，即："我们不为硅谷的失败喝彩，我们为从失败中吸取教训喝彩！"[7]

纳伊姆·扎法尔（Naeem Zafar）是一位学者、作家，也是一位企业家，他在《大西洋》（*The Atlantic*）杂志上刊发的一系列文章中探讨了硅谷何以成为欣欣向荣的创新中心的原因，根据他的描述，企业家成功地将创新转变为实际业务的五种主要方式是[8]：

1. 正式或非正式地（可能更重要）鼓励协作文化；

2. 把社会和经济激励相统一，这样每个人都致力于做令人惊叹的事情；

3. 汇聚一大批受过高等教育、积极性高的人才；

4. 尊重知识产权；

5. 容忍失败，因为经历失败的人已从中汲取了教训，知道了不该做什么。

为你的组织反思这些问题是有趣的，确认你至少可运用上述哪一种方法增强你组织中的创新基因。

46

建设学习型组织

许多创新源于学习型文化，身处这样的文化氛围中，人们可以分享知识和创意。作为领导者，你要鼓励整个企业的人加强学习，提升自我。反思下列问题：

◆ 信息是否共享？每个人是否很容易接触到信息？

◆ 学习是否一个持续的、永无止境的过程？

◆ 员工是否受到启发和激励去学习？学习是否有实际价值？

◆ 是否鼓励员工不怕犯错？

学习无处不在，它正成为知识经济的核心部分。千禧一代看不出工作中的学习和个人生活中的学习有什么两样，只要动动手指，他们就能通过网络获取不计其数的学习资料。在网络化的社会中，我们可随时随地学习，而且，只要你天生具有一颗好奇心，你就能获得推动创新和改进的力量和创意。

不久前，许多组织的内网都不允许个人设备访问，而且所有管理人员都配备了用以收发电子邮件和通话的黑莓（BlackBerry）设备。我们现在身处一个"设备中立"的世界，个人和工作交流都可通过智能手机完成，大多数人都被有效地整合起来。通过鼓励同事们不断学习并在工作中承担责任，我们有机会向企业提供学习资产。要奖励一周或一天内的最佳创新，而且，当人们搜索到有关流程或产品的新做法或新创意时，要表扬他们。

克雷布斯（V. E. Krebs）认为，在今天的经济环境中，"所有个人、社区、系统和其他商业资产都在不断演化的经济生态系统中相互关联。在互相联通的经济中，每个主体（个人、团体或组织）都被嵌入到一个影响每一位参与者的范围更广的网络中，反过来，每个人也都受其他参与者的影响。在这样一个互联互通的系统中，我们不再关注单个主体的绩效，而是必须管理整合的资产"[9]。

这类社区的形成使高水平的学习成为常态。通常情况下，规模较小的组织更适合这种方法，因为它们更贴近客户和市场，规模较大的组织则有一定的难度，因为这样的组织要保持运转，就需要设置较复杂的结构，然而，当组织内官僚主义盛行、结构过于复杂时，组织的灵活性、学习性和适应性就会降低。我曾在一家公司目睹了小规模团队共享有关各类产品的技术研究信息的情景，这些团队是管理者根据领导力发展计划组建的。其中一个团队将一位零售经理对客户的见解和两位产品经理对产品创新的见解相结合，制造出了情人节主题的巧克力内裤，取得了巨大的成功。如果你能把这个故事讲给整个企业的人听，那么这类结果就激发更多跨职能的创新。

彼得·圣吉（Peter Senge）和其他人研究了组织为应对市场的变化和动荡，如何通过增强整合性来提高灵敏性，他们在相关的著作中首次提出了"学习型组织"[10]的概念。圣吉是麻省理工学院教授，也是组织学习协会（the Society for Organizational Learning）的创始人，他为学习型组织描绘的蓝图主要包括以下五个方面[11]：

1. 自我超越。指的是对人们心之所向的结果（个人愿景）勾勒出一幅图景，对当今的生活现状（当前的现实）做出实事求是的评估。这与为了促进赋权而增强个人自信、提高个人能力的重要性有关。

2. 心智模式。这一点体现的是对影响思维和互动的态度和观念的重视。人们在管理自身行为和决策的过程中会不断地反思、讨论和重新考虑他们对世界的印象，进而提高自己的能力。由于涉及共同的价值观和假设，真诚型领导与这一点密切相关。

3. 共同愿景。人们通过描绘他们未来心之所向的形象和他们实现目标的原则和指导性做法来树立群体或组织内的敬业意识。这是目标和方向的关键组成部分。

4. 团队学习。通过对话或精心设计的讨论等方法促使团队改变集体思维方式，学会利用团队的能量和能力产生整体大于部分之和的效果，促进团队内部的协作。

5. 系统思考。人们通过学习更好地理解相互依赖性和变化，更有效地应对影响行为后果的力量。近年来，有关反馈行为和复杂性的理论日益增多，系统性思维就以这些理论为基础。复杂性是导致增长和稳定的系统固有的趋势（这与复杂领导理论有关，尤其与领导的适应和促进功能有关）。

你会注意到这些方面与整合领导力五个因素之间的关联。一些观察家，包括大卫·加尔文（David Garvin）和他的合著者认为，我们离理想的学习型组织还有一段距离，造成这一结果的原因有三个[12]：首先，现有的讨论关注的是建设学习型组织的原因，对如何建设讨论得较少；其次，相关概念主要针对的是领导者和高管而非低层管理人员，后者不大清楚该如何把这些概念落到实处；再次，相关的标准和工具太少。他们认为，创建一家成功的学习型组织需要以下三个方面做基础。

1. 支持学习的环境。在这样的环境下，同事们可以坦然地承担失败的风险并再次进行尝试，他们乐于倾听相互对立、相互冲突的想法，对新想法持开放的态度，特别重要的一点是，他们会花时间进行反思。

2. 学习流程和实践。这是一个非常重要但经常缺失的部分，包括设计和实施有助于系统性地生成、收集、解释和传达信息的学习流程。

3. 加强领导行为。当领导者积极地向员工提问题和倾听员工的想法时，员工会深受鼓舞，进而加强学习。美国运通公司（American Express）前首席执行官哈维·戈卢布

（Harvey Golub）为鼓励真正开放的讨论采用的方法是，明确表明他对"知道正确答案的人不太感兴趣，而是对能正确地思考问题的人感兴趣。他们采用了什么标准？为什么会这么想？考虑了哪些替代方案？设定了哪些前提条件？持什么立场？"

按照米尔韦（K. S. Milway）和萨克斯顿（A. Saxton）的说法，参与学习活动能使你成为更高效的学习模范[13]。这与文化和领导者的行为（以及行为如何有助于建设文化）一样重要，因为它事关促进学习、分享和高效创新的流程和系统。流程和系统要到位，但是，除非有文化的支持，否则它们不会奏效。在我们合作过的一些客户中，CEO 和董事会都积极地参与领导力提升项目和辅导课程或者评估过程。在这些客户中，董事会率先垂范，树立了良好的榜样，员工们因此变得更加重视学习机会了。而在另外一些公司中，高层领导难以做到全员参与，其他领导者因而对学习持质疑态度，这妨碍了他们的学习。

组织要营造学习、冒险、再学习和创新的氛围。高层领导者要敢于放手让其他人做决策，本地领导人要鼓励员工学习，增强适应能力。无论是高层领导者还是其他领导者，他们做出的行为要能促使组织内的人相互影响，尊重彼此，做出兼顾组织和客户需求的决策。

不可否认，让领导者放权并采用更具指导性的领导风格很难，但一旦他们这么做了，他们就会释放出这样的信号：

员工们将"继续享有权力"，这对灵敏的组织非常重要，因为这样的组织需要创新、失败以及重新尝试的空间。通过支持、指导员工以及给他们提供学习空间（就像建筑师通过聚焦于物与物之间的空间来创造生活空间一样），你会大大提高工作效率。

米尔韦和萨克斯顿还建议，企业应通过统一的信念和价值观、强化激励和提高人们评估工作结果的积极性，建设一种重视持续改进的文化。鼓励学习的文化和持续的改进，这二者之间的关系可从大卫·布莱尔斯福德（David Brailsford）身上得到验证。他非常重视边际收益，在他执教下，英国自行车队在 2012 年奥运会上获得了 7 枚金牌。他还帮助天空队（Team Sky）连续两年（2012 和 2013 年）夺得了环法自行车赛的冠军[14]。布莱尔斯福德和他的团队将学习理念落实到了与团队成绩有关的各个方面，如自行车的设计和骑手的健身以及睡眠和饮食等。他们学习和践行的例子包括，为防止队员颈部和背部出现不适，让他们携带自己的床垫和枕头；为降低队员们受感染的几率，训练他们如何正确地洗手。这一切都体现了学习是如何推动改进、进而提高绩效的。

47

颠覆性体验造就适应型领导者

回顾最近有关领导力的研究及实践结果便知，在当今不确定和不可预测的环境中，领导者不能过于严苛，权力不能过于集中。例如，弗莱彻（J. K. Fletcher）[15]描述的分布式领导风格的三个特征是：1）领导是一种实践，因此在领导过程中，行胜于言；2）领导是一个社会过程，领导者的影响要通过其与周围的人以及与企业内所有人的互动体现出来；3）领导就是学习。

可以看出，最后一点与复杂领导理论（见第一章）中的适应功能直接关联，这对组织有一定的价值，因为它提供了更接近客户界面的学习能力，促进了知识在整个组织的共享。

斯泰西（Stacey）[16]认为，环境不稳定的一大好处是，组织不得不持续地进行变革和调整行为，这往往会提高组织的灵敏性，提高组织对不断变化的本地市场或客户需求做出反应的能力，进而提高客户的满意度和忠诚度。"参与网络化互动的个人会想出新颖的解决方案"[17]，这与前一章讨论的协作性有关。

我发现，领导者和其他人把创造高度颠覆性的体验视为学习机会，这对打破原有的均衡并促使他们重新评估成功的途径非常有益。将领导者和团队成员置于富有挑战性和令人不适的情境中时，他们不大可能依靠既有的惯例和行为方式生存和发展。他们有机会尝试影响他人的新方法，开拓团队工作的新思路，甚至重新考虑他们自己的观点。我们称这是学着对令人不舒服的事情感到舒服。这种打破常规的颠覆性事件为我们改变惯性思维和行为提供了机会。

> **充满挑战的过程**
>
> 颠覆性学习能促使领导者和管理者运用新的思维方式，这反过来会促使他们转变工作方式。这是一个令人兴奋的、有时甚至是充满挑战的过程。
>
> 坦尼斯·道奇，玛莎百货人力资源总监

为了帮助一家公司的高级领导骨干重新思考领导的意义，我们让他们去贫困地区体验生活，让他们领导他们无权领导、且与他们没什么共同点的人。这些领导者必须发挥自己的影响力并与他人开展合作，必须采用简单有效的新方法。我们还让这些高层领导者进入环境不太好的供应链环节与员工一起工作，让他们进入刚成立不久的数字企业了解数字思维模式，把他们带至发展中国家的市场，看他们的产品如何被应用。这一系列举措都是为了让他们获得颠覆性的体验，促使他们改变旧心态。

与颠覆性的学习体验同样重要的是，在紧张的工作环境中将汲取的经验付诸实施。通常情况下，当领导力提升计划结束时，一切会恢复如初，几乎看不到任何改变。对领导者而言，回到老样子的诱惑很大，因此，在计划结束时要对关键业务领域的改进设定较高的期望，同时还要确定相关的衡量指标，给予指导和支持。无所期待时，你可能会实现目标，但有所期待时，你更有可能实现目标。

48

理智地确定优先事项

我参观过的许多组织都在努力简化工作方式，把它视为提高灵敏性和适应不断变化的环境的关键方法。企业周围的环境越复杂，内部工作就要越简化、越高效。理智地确定优先事项是开启简化过程的好方法，能使你和其他人明确工作重点，也许更重要的是，能使你们明确哪些事项不重要，这样你们在面临复杂和不确定的环境时才能及时采取行动。要为企业和领导团队设定明确的优先事项，这样人人都可以集中精力做少量的事情，取得更好的效果。

从哪里入手呢？试试向官僚作风宣战，并邀请你的同事把流程和文书工作简化到为客户提供服务和保障合规所需的最低程度如何？如果你的同事获得了授权，能最大限度地保护客户的利益，而且他们清楚优先事项和需要简化复杂的工作方法，那么，他们肯定能在考虑更广泛的组织利益的前提下做出正确的决策，对此你大可放心。

作为领导者，你还要有勇气消除任何不利于创新和学习的官僚思想和活动。我们看到，许多公司采用的简化方法是，去除数量猛增（原因不明）但不适用于创新成果的程序、规则和法规。这样做能够清除系统性障碍，克服资源的浪费。考虑到可能牵扯的既得利益，做到这一点并不容易。对于你而言，撕掉规则手册并宣称把关键绩效指标的数量从400个减少到40个，需要勇气和胆量，也需要你谨慎地沟通。然而，不做出这类象征性的行为，你不大可能遏制官僚作风，也不大可能看到真正的进展。

与此同时，你不应该容忍那些待在自己的舒适区不思进取、墨守成规的人。讲述那些大胆地坚持优先事项、改进流程、减少官僚作风和促进运营的人的先进事迹。但是，你也要处理好那些不积极参与的人，鼓励他们参与或寻找适合他们偏好的环境。

再回过头来看看英国自行车队的主教练大卫·布莱尔斯福德，他遵循的一套原则使他执教下的英国自行车队取得了英国历史上最辉煌的战绩[18]。这套现已蜚声天下的原则为我们严格聚焦于优先事项提供了指导，它们是：

1. 确保清晰。目标和责任明确，每个人都清楚他们在实现团队目标的过程中所发挥的作用。

2. 创立"领奖台计划"（Podium Programme）。要么成为最好的，要么一事无成，术业有专攻，争取在少数项目中做到出类拔萃。

3. 逆向规划。确定目标，然后确定实现目标需优先考虑的事项，逆向思考，不遗漏每一个细节。

4. 重视过程。即使是最微小的事情也要力求完善。

5. 不忘初心。一心一意，让每个人都专注于目标。

6. 养成获胜的习惯。在赢得大胜利之前赢取小胜利，这有利于养成获胜的习惯。

7. 重视边际收益，积少成多。重视多个领域内 1% 的绩效提高。

8. 最大限度地利用最新的技术。找到最有助于提高绩效的技术创新。

布莱尔斯福德理智地确定了优先事项，他专心致志的作风感染了整个团队，使团队取得了无与伦比的成就，我们应该向他学习。如果你希望组织更灵敏，你就要创造变革的动力（通过增强创新与学习）并清除障碍（如复杂性和官僚主义）。如果你无法解决后一个问题，那么你也无法解决前一个，我发现，正努力适应数字革命和提高灵敏性的各类组织都存在此类问题。

正如我在通篇所述，需保持不变的是你的目标、方向和价值观，你做的一切都是为了创建一个以客户为导向的组织。根据我的经验，那些改革举步维艰的公司都容忍了不良的行为和维持现状的保守心态。2014 年戴夫·刘易斯（Dave Lewis）执掌英国零售商特易购时就面临着这两个方面的问题，他迅速、果断地解雇了态度或行为令人无法容忍的高管，并对公司结构进行了改革，如关闭无利可图的商店、在 6 个月内出售非核心业务等。

与其形成鲜明对照的是其他英国零售商，他们正狼狈地应对折扣零售商和电商的竞争。他们花了数年时间进行改革，但收效甚微，因为在他们的组织中仍然存在不良行为和保守主义。我们只需看看 RIM（黑莓）和诺基亚（Nokia）这些当年在手机市场上叱咤风云的公司的命运，就会清楚，当对不断变化的环境反应过慢时，这些公司结局会有多悲惨了。同样，伊士曼·柯达（Eastman Kodak）在 20 世纪 90 年代发明了数码相机，但为了维护胶卷及冲洗业务，该公司拒绝利用最先进的技术，最终走进了死胡同，哎，其命运本不该如此！

49

案例研究——三通公司的灵敏性和客户至上的文化

三通公司是英国发展速度最快的移动运营商。该公司发现，其竞争优势在于价格而非客户服务，这让它有了改进手机行业和另立规则的机会。最终，三通从遭受投诉最多的移动运营商变成了遭受投诉最少的运营商。它为何能实现如此成功的转变呢？

三通公司首席执行官戴夫·戴森（Dave Dyson）介绍说："2003 年，由于移动行业缺乏竞争力和创新，英国政府批准设立一家新的运营商，三通公司因此成立。尽管公司自创立之初就设定了明确的目标，但公司的日常活动没有体现出这一点，这大大损害了公司的创新和盈利能力。"

为实现增长，三通以折扣价提供服务并迅速在市场上赢得了价低的声誉。戴夫表示，"公司的客户体验不足以证明收取溢价的合理性，因此公司亏本经营，营收远远低于预期。"

制定新的战略愿景

2011 年戴夫被任命为首席执行官，当时他的首要任务是把品牌与实现更好的移动通信这一目标联系起来。"我们不得不回过头来挑战移动通信的规则，例如出国漫游费高到了你必须关闭手机的潜规则。我们希望客户在国外时，能与国内一样便利地使用手机，但要重新制定移动通信的规则并实现我们的品牌承诺，仅靠出色的创意是不够的，我们还需要快速地把创意推向市场。"

围绕着"改善移动通信"这一核心使命进行革新需要得到整个组织的支持。三通公司的首席运营官格雷厄姆·巴克斯特（Graham Baxter）补充说，"共同的方向和目标对三通公司非常重要，它们会让员工们产生同属'一个团队'的心态。"

尽管三通公司从来都不是层级或官僚制组织，但其领导者们认识到，要顺利实现革新，就需要在整个公司内加强领导力的整合。"我们必须培养创造力强、胆识过人的领导者，"戴夫说。

三通公司希望能在有利的环境中鼓励创新和提高灵敏性，他们倡导的理念是"快速失败、快速学习和创新"。格雷厄姆说："我认为，应在行动中形成新的思维方式，而不是只想着如何行动，否则你永远不会真正地采取行动。所以一开始就要尝试做一些事情，之后再不断改进。"

三通公司的领导者认为，公司要与客户建立良好的互动关系，首先要有高度敬业的员工，他们的言行体现着组织的目标和价值观。格雷厄姆说："为了与客户进行良好的沟通，我们必须有出色的员工。我们想提高员工满意度、客户满意度，加强成本控制。有些人说，你们不可能三者兼得，但事实并非如此。当你设定了正确的共同目标时，你就可以做到。"

自上而下启动改革

为了把员工与目标联系起来，为了鼓励员工做出更加灵敏和以客户为导向的行为，三通公司隆重启动了领导力提升计划。三通公司客户服务总监赖斯利·戴维斯（Lesley Davies）解释说："从价格导向转向品牌导向是重大的转变，我们不能只按下开关就万事大吉了，所以我们启动了学习和发展计划，它们能推动高层领导进行变革，包括董事会。我们首先帮助董事会明确了其愿景，而且我们发现了我们的一大优势——我们践行了客户至上的理念。我们确认了能提高灵敏性的六大要素，即客户至上、富有商业头脑、探索、协作、敬业和交付。"

公司推出了模块化的领导力提升计划，还为此配备了专门设计的领导力应用程序，计划的重点是提高自我意识，促使领导者了解他们的习惯和偏好产生的影响。领导者还探究了他们对团队和企业的影响，确认了哪些风格能够提高效率和灵敏性。

公司收集了职位最高的 50 名领导者的偏好数据，从中挖掘出了宝贵的见解。赖斯利解释说，"我们从中得到的关键启示是，领导者主要的工作风格是'臻于至善'，这导致领导者想获得的信息和数据多于制定决策所需的。"

8位董事最先完成了学习计划，因此被确立为榜样。戴夫说："这样的学习虽然会让你的身体感觉不舒服，但影响是深远的。与读一本书不同，演员的表演和真实的商业场景会迫使你走出舒适区，踏上陡峭的学习曲线。每个人都有不同的收获，对我而言，我学到的是如何加快决策的速度。"

提高灵敏性的好处

格雷厄姆认为，整个组织的人现在更善于动员一切力量实现目标了。赖斯利补充说："我们可以快速调整并采取行动，我们的反应越来越迅速，无论是供应商还是客户都很欣赏这一点。领导人参与学习并调整领导风格后，客户更青睐我们了。"

三通公司认为，在快速变化的市场中，明确的方向对公司的成功至关重要。格雷厄姆说："战略要简单。我们不能做所有的事情，资源是有限的，因此我们专注于少数事项。我们不会被'可能'做的事情分散注意力。我们专注于我们'能'做的事情并把它们做好。我们非常重视客户，会优先考虑对他们最有利的事情。复杂性会造成混乱，会稀释你传递的信息。专注能导致明确的商业结果。"三通公司的这些理念得到了市场的认可，2014 年，该公司荣获了最佳店内客户体验奖（移动设备选择奖）。

三通公司的领导人将员工视为公司最大的资产，而且他们认为，如果不投入资金提升员工的技能，不促使员工做出符合公司共同目标和方向的行为，那么公司就不可能交付优异的客户体验。

格雷厄姆说："与员工互动能提高他们执行战略的信心。我们的业绩逐月提高，员工们都很给力。无论是在我们的客户联络中心工作还是在我们的门店工作，员工们都很卖力。我们不奖励个人的努力，我们奖励的是共同努力的成果。我们想鼓励团队思维，我们希望以共同的目标把员工们凝聚在一起。"

以"改善移动通信"这一目标把员工们团结在一起和灵敏地对客户需求做出反应后，三通公司在各个方面均取得了良好的结果。戴夫说："提升更具整合性的领导力产生了持久的影响：员工们对自己的工作充满了信心，他们认为自己在做正确的事情，我们也提高了决策速度，组织整体的表现也更好了。每个人都认同组织的核心目标，都为之感到兴奋，这提高了他们的灵敏性，增强了他们的干劲儿。最重要的是，我们从根本上改变了移动通讯的规则，例如，我们是第一家让客户在国外如在国内一样使用手机的移动运营商，我们的财务绩效也很不错。"

自省问题：

本章讨论的是全球各地的企业都想实现的目标：在这个循旧趋同化经营会对生存构成威胁的世界里提高灵敏性。建设整合型组织并不容易，但若遵循本书介绍的原则，你更有可能取得成功。因此，问问自己：

◆我是支持那些快速失败并从中汲取教训的人，还是会惩罚失败者？

◆我的自学积极性有多高？

◆就学习专业知识而言，我是否起到了模范带头作用？

◆我有多敢于冒险？

◆身处不断变化的环境中，是什么阻碍了我做出大胆的决策？

整合型领导者核验清单：

1. 强大的目标、方向和价值观是灵敏性的"脊柱"，学习是灵敏性的柔软"肌肉"。

2. 要建设这样的文化：创新和改进倍受重视，人们对实验充满信心，无须担心失败。

3. 理智地确定优先事项，把资源集中于对客户最重要的事项。

注释

1 Cirrus and Ipsos MORI(2015)' Leadership connections:how HR deals with C-suite leadership', **http://cirrus-connect.com/news/ipsos-mori-and-cirrus-launch-joint-research-project-6918#sthash.TEAIKQBu.dpuf**(accessed6 June 2015).

2 Heifetz, R., Grashow, A. and Lensky, M.(2009) *The Practice of Adaptive Leadership: Tools and tactics for changing your organization and the world*, Cambridge, MA:Harvard Business Press.

3 Manylka, J., Chui, M., Bughin, J., Dobbs, R., Bisson, P.and Marts, A. (2013)' Disruptive technologies:advances that will transform life, business, and the global economy', McKinsey Global Institute, May.

4 Siemieniuch, C.E.and Sinclair, M.A.(2008)' Using corporate governance to enhance "long-term situation awareness" and assist in the avoidance of organisation-induced disasters', *Applied Ergonomics*, 39(2), 229-240.

5 *Oxford English Dictionary*, 7th edition(2012), Oxford:Oxford University Press.

6 National Collaborating Centre for Methods and Tools(2011)' Sharing internal best practices', Hamilton, ON:McMaster University.

7 **http://startupquotes.startupvitamins.com/post/33415208650/we-dont-celebrate-failure-in-silicon-valley-we**(accessed February 2015).

8 Zafar, N. (2011) The 5 secrets of Silicon Valley', *The Atlantic*, 4 August, 1-4.

9 Krebs, V. E. (2008) ' Managing the connected organization', orgnet, **www.orgnet.com/MCO.html**

10 Senge, P. (2006) *The Fifth Discipline*: *The art & practice of the learning organization*, London: Random House Business.

11 Ibid. (**www.solonline.org/** ? **page = Abt OrgLearning**).

12 Garvin, D. A., Edmondson, A. C. and Gino, F. (2008). ' Is yours a learning organisation?', *Harvard Business Review*, March 109-116.

13 Milway, K. S. and Saxton, A. (2011) ' The challenge of organisational learning', *Stanford Social Innovation Review*, Summer, 44-49.

14 Denyer, D. (2013) ' 15 steps to peak performance', *Management Focus*, Cranfield University, Autumn, 10-13.

15 Fletcher, J. K. (2004) ' The paradox of post-heroic leadership: an essay on gender, power, and transformational change', *The Leadership Quarterly*, 15(5), 647-661.

16 Stacey, R. D. (1995) ' The science of complexity: an alternative perspective for strategic change processes', *Strategic Management Journal*, 16(6), 477-495.

17 Uhl-Bien, M. R. and Marion, R. (2011) ' Complexity leadership theory', in Bryman, A., Collinson, D., Grint, K., Jackson, B. and Uhl-Bien, M. (eds.) *The Sage Handbook of Leadership*, London: Sage.

18 Denyer, op. cit.

第十章

带领员工一起前行

整合是一种组织能力，需要投入时间和精力建设才能持久。整合型领导是建成整合型组织的途径，整合型组织能开展有效的竞争，至少在一定程度上是因为，它们天生具有适应不断变化的客户期望和技术创新的能力。

改变你和同事们领导企业的方式是向这一目标迈出的重要一步，接下来，要让组织中的所有人建立联系，这能提高人们的灵敏性和协作性。这意味着要让所有人了解他们所知、所思、所感和所做的事情。

在本章中，我们将介绍：

◆何谓战略性参与和如何动员企业内的领导者参与；

◆如何动员每个人参与整合型公司的建设；

◆可遵循的高效沟通步骤。

最后，我建议你重新审视第三章介绍的整合型组织调查表。现在，你应该对整合型公司的五个因素有了更准确的理解。

50

通过战略动员建设整合型公司

战略动员指的是，在你的目的和目标、员工的行为和客户体验、企业绩效的转变之间建立有效的联系。正如普华永道（PwC）在最近发布的一份报告中指出的，"人类行为是复杂的，企业不适应变化，其员工也是如此，但这种人力因素一再被忽视。75% 的组织变革计划以失败而告终，主要原因就是员工觉得自己被排除在了变革进程之外"[1]。

创建更灵敏、更以客户为导向的整合型公司的过程，实际上就是建设可持续的组织能力的过程。什么是组织能力？尤里奇（D. Ulrich）和斯莫尔伍德（N. Smallwood）[2] 指出，"当公司能利用好员工们的综合能力时，它就能展现出组织能力。员工可能具有较高的技术素养或领导技能，但公司作为一个整体可能体现出也可能体现不出这些优势。（若是前者，那么在这些方面表现优异的员工可能会深受鼓舞，若是后者，他们可能会感到很沮丧。）另外，组织能力会促使公司将其技术诀窍转化为有益的成果。"两位作者在同一篇文章中确认了洲际酒店集团（Inter Continental Hotels Group）开展协作和提高效率所需的关键能力，有趣的是，他们所确认的能力与整合领导力的后两个因素密切相关。

　　为了把整合性转变为公司能力，你需要所有领导者和员工的参与。但你从哪里入手呢？麦克劳德（Macleod）[3]有关员工参与度的报告得出的结论认为，促进员工参与的四个主要因素是：明确的领导、积极参与的基层管理者、能畅所欲言、意见得到倾听的同事以及同事们相信组织践行了其价值观，最后一个因素导致了信任和正直诚信感。你可以利用这一见解动员你的员工，促使他们参与有助于增强整合性的变革。注意，能否提高员工的参与度，首先要看身为领导者的你及你的同事是如何做的，也就是说，要看你们如何践行本书截止目前所讨论的内容。你的主要责任是澄清模糊不明之处和建设重视整合性因素的文化。这也涵盖了第四个因素，即同事们相信组织践行了其价值观，而且正如我们在第五章讨论的，要树立这样的信念，你首先要做一名真诚的领导者。

　　为了发挥第二和第三个因素的威力，你必须与企业内所有的管理人员进行交流，让他们明白其中的利害关系。他们必须具备较强的能力，能在日常工作中以整合的方式领导员工，能虚心倾听员工们的意见，确保员工们理解他们的想法并采取行动。相关研究表明，影响员工参与度的一个关键因素是他们与基层管理者的关系：当关系良好时，他们参与的积极性比较高；关系不好时，他们不大愿意参与。

　　当然，这与你的组织如何选择和培养各个层次和单位的管理者和领导者有关（正如我们在前面章节讨论过的，这也与下放权力和建设学习型文化有关）。如果你的组织出台了高效的人才管理和领导力提升措施，而且将领导力转化为了组织能力，那么你更容易完成任务。

51

动员所有的管理者参与

为了动员整个公司的员工参与，你首先要动员你的管理者参与，而且你要向他们提供知识和工具，以便他们能以统一的、真诚的方式动员员工。动员的方式必须保持一致，因为你的目标是改变整个企业的思维方式和行为。动员必须真诚，同事们都不傻，他们不会参与他们认为不诚实、赶时髦或者爱摆布人的计划或倡议。然而，他们会对真正的变革做出响应，如果他们重视这些变革，能看出自己的目标与组织目标的一致性，他们就会积极地配合管理者。

从我在各大洲多个部门和各类组织工作的经验来看，下面这些简单的规则可助你一臂之力（见表 10.1）。

表 10.1　动员你的管理者成为整合型领导者

十大规则	描述
1. 认真对待	如果你和你的领导同事们态度不认真，那么变革不会成功（而且最好不要启动变革），因此，要深入地讨论变革，而且领导者要率先踏上变革征程
2. 要有颠覆性	改变思维需要挑战先入为主的观念，帮助人们重构他们的假设，因此，要设计令人不适的体验，让管理者走出舒适区

续表

十大规则	描述
3. 使过程愉快	过程乏味时，效果会大打折扣，利用幽默感或游戏让人们乐在其中
4. 积蓄能量	启动变革时需要投入大量的精力和时间，还要经常加油鼓劲，一旦飞轮开始转动，在动量的作用下，它就会一直前行[4]。要愿意在早期投入较多的时间和精力
5. 提供工具	为管理人员提供工具，让他们定期动员和影响团队
6. 提供培训	训练管理人员的关键技能，例如对话、辅助和指导技能
7. 双向交流	我们主要在对话和反思的基础上理解和运用假设，因此要在双向讨论和群体对话的基础上进行动员
8. 追踪进展	通过反馈了解进展情况，重点关注人们学到了什么以及在实践中运用学到的知识和技能做了什么。反馈要透明和简单，要把反馈视为销售和资产负债表之外的管理数据进行审核
9. 后续跟进	表扬取得的进步，坚持变革（进展不力时提供支持），让人们有机会进行反馈并影响进展
10. 反复强调	坚持至关重要，因为要使这类变革持续下去，你需要投入时间，需要经历反复。坚持讲述先进事迹，坚持改变人们使用的语言。为了鼓励取得更多的突破，要认可已取得的突破

这些规则运用起来很有效。你可能还想到了坚持变革的其他方法，我鼓励你使用它们，特别是当它们契合你公司的工作方式时。但我要提醒你注意一点：不要使用过去有效但与层级组织结构和传统的工作方式密切相关的渠道和技术。

52

动员所有员工参与整合型公司的建设

下一个阶段更具挑战性，因为你要带领所有人踏上建设整合型公司的征程了。你可以在一段时期内动员员工，让他们以不同的方式理解、思考、感受和行事。换句话说，你必须鼓励他们培养新的思维方式及相应的习惯。新思维方式意味着新行为，新行为意味着绩效提高。你可以从图 10.1 中看出进步是如何发生的，包括从推动新思维的知识到导致行为变化的情绪反应。

经历这些阶段很重要。当你想带领员工前行时，如果你只是告诉他们，他们必须做出改变，这是无意义的，无论是从个人角度出发，还是从集体角度出发，他们必须从内心深处认同变革。变革过程可能是混乱的，特别是当你要求员工们改变习惯和喜欢的行为时。这些习惯和行为很适合他们，截至目前，他们在职场上取得的成功都是拜这些习惯和行为所赐。

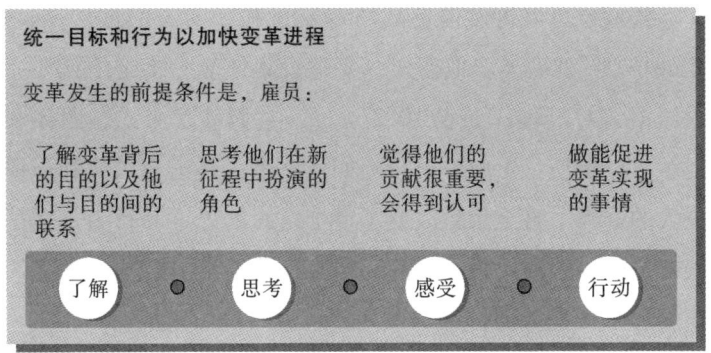

图 10.1　了解、思考、感受、行动

来源：西鲁斯

我们可以运用威廉·布里奇斯（William Bridges）[5]的转变模型来理解个人对变革的反应。他认为，我们在适应变革的过程中要经历三个阶段。首先是"结束、失落和放手"阶段，在这个阶段，我们认识到，过去的一些事情结束了，我们因此产生了失落感，我们必须放手了。接下来我们进入了他所称的"中性区"，在这个阶段，我们既感到迷茫，又觉得存在机会。经历这一阶段后，我们渴求进入"重生"阶段，即进入接受和探索新世界的阶段。换句话说，个人完成转变需要时间，在此过程中，管理层的关注和合理引导是大有裨益的。值得铭记的是，作为领导者，当我们进入重生阶段时，公司的其他人可能正处于放手、结束旧思维的阶段。因此我们要有耐心，要持续地动员他们，帮助他们理解转变并适时地进入新阶段。

我们也可以再次借鉴战略专家亨利·明茨伯格（Henry
Mintzberg）[6]的高见。他指出，要建设集体能力，组织就要完
成四个学习过程，如表 10.2 所示，它们涉及个人、团体和
组织三个层面。了解学习行为如何从个人蔓延至团队和规模
更大的群体、直至最后改变了整个组织的思维和行为方式是
很有益的，这需要投入时间和精力，我们还需要从心理学的
角度理解人们如何接触和认同新思想以及如何把它们转化为
新的工作方式，进而促进转变取得成功。根据我的研究结
论，创建整合型组织的重要（也许是显而易见的）先决条件
是，高层管理人员要努力促使上述这些转变发生，唯有如
此，变革才会对组织参与度、文化和绩效产生重大的影响，
否则，变革就是毫无成效的。

表 10.2　如何帮助组织学习整合

过程	描述
凭直觉感知	第一个过程发生在潜意识层面。当人们开始自行感知正在发生的事情时，学习过程就开始了。这个过程发生在每个人的脑海里，而且为下一个学习过程的启动奠定了基础，因此每个人都要为这一过程投入时间，只有这样才能取得良好的效果
阐　释	第二个过程涉及个人学习的意识因素，此时人们开始通过对话与其他人分享想法，例如通过群体内的对话。你的工作是促进群体内部和群体之间有关增强整合性的讨论

续表

过程	描述
融　合	第三个过程是社会性解读的结果，此时群体层面的理解发生了变化，组织的思维方式开始转变。若能长期坚持下去，你可在整个组织内保持这种效果
制度化	最后，在第四个过程中，通过将共享学习嵌入系统、结构、日常工作和实践中，整个组织实现了共享学习。此时为了强化整合思维，你可以建立新的组织习惯

下面我们结合整合型公司的建设依次探讨上述几个阶段。

凭直觉感知

第一个过程是凭直觉感知，它发生在个人的潜意识层面。我们可以利用维克（K. Weick）[7]的意义建构（如第四章所述）概念来理解人们如何洞悉周围发生的事情。以下提示能激发个人初步认同整合性的直觉性反应：

◆强调组织更高层次的目标，影响人们对组织的身份认同，例如，一家制药公司的目标是"齐心协力挽救生命"。

◆讲述组织的历史遗产如何为整合的未来奠定基础，讲述过去的领导者如何展现整合性特征，从而把组织的未来与过去联系起来。

◆改变使用的语言，以灵敏、协作、价值观和客户等词语凸显当前的重要事项。

通过这些信号，你将强化这一观念：变革是必要的、有益的。

阐释

第二个过程是阐释，在此过程中人们通过对话建构意义。正如维克所写的，"人类的思维和社交功能交织在一起。我们通过行动、互动、反思和'适应'来建构意义……对话是关键。"你可以运用正式和非正式的社交互动来帮助人们交流有关整合公司的信息：

◆正式的途径如课程、入职培训、论坛、工作委员会或特殊的利益群体等，也可以通过相关的程序，例如公司情况介绍会，强化相关信息。

◆非正式的途径同样重要，包括在厨房、餐厅的会面，在饮水机旁的聊天以及社交聚会和派对等。

释放显而易见的变革信号，从问题入手开启讨论，鼓励人们提出质疑、进行辩论并提出自己的想法，设想在实践中真正做到整合意味着什么，以及如何使变革更加有效。

让团队探索新的工作方式，例如让他们探索如何才能使自己的目标和价值观与企业保持一致，通过对话建立一个整合型公司的新的心智模式。

融合

　　第三个阶段是融合企业各团队内部和不同团队的想法。首先要关注的是工作团队。利用简单的团队诊断、自行组织的研讨会和促进活动帮助各个层次的领导者动员其团队设计更为整合的工作方式，包括调查问卷（如本章末尾列示的问卷）、精心组织的讨论、群体活动和游戏等。可在线下运用这些方式，也可在线上运用，可视企业的具体情况而定。

　　为了通过行动创造新的"现实"，要让人们做能展示新工作方法的事情，例如消除跨职能协作的障碍。你要带领人们踏上整合领导之旅，要让他们了解整合领导的每个因素，清楚每个因素目前的现状，找到改进它们的方法，制订切实可行的计划并付诸实施。为此，你要让管理人员协调好人们的活动，循序渐进地在企业内实现层层整合，积累变革动力，而且要给人们留出时间消化每个因素，之后再进入下一环节。

　　从图 10.2 可以看出这一过程的演变，从中也可获知在每次迭代中是什么因素发挥了作用，把你带入到下一波活动中。持续的循环可在组织中形成节奏，使变革产生"黏性"。每一次循环的完成都会积蓄变革的动力，直到变革在整个组织中深深扎根并被人们深信不疑为止。每一次循环都是从领

307

导开始，他们要在整个组织里讲述故事，为员工们提供明确的方向，创造共同的语言。通过简单而引人注目的沟通和学习活动，变革的动力会不断增强。团队领导者主持研讨会和组织讨论，然后把讨论的结果反馈给组织的其他成员。所有因素的影响都会得到评估，而且它们会嵌入到组织的流程和工作方式中。

图 10.2　迭代级联产生动能

你可能会发现，为顺利推进整个过程，选拔和培训一些教练是很有益的。可从企业内部选拔敬业心强、会指导的人担任教练。我经常发现，一些管理者需要从这类教练得到更多支持，但是，当这些教练比较高效时，他们将会增强管理者的信心和技能。之后，随着时间的推移，管理人员能够推进研讨和讨论，这会产生附带的好处，即基层管理者的效率提高。

虽然团队之间开展合作是司空见惯的事情，但我发现这一点在变革计划中常被忽略。变革计划通常强调的是个人及其所在的团队，这很好，但仅强调他们还不够。要以整合领导力提高流程效率，你需要使团队之间建立强大的联系。

孤岛式思维仍然是不同地区和行业的组织面临的一大问题。组织结构过于复杂会抑制端对端流程的效率，例如组织为了得到所有产品（从原材料到客户消费品）而管理供应链。通过加强团队（例如生产、分销和销售团队）之间的整合，你可以看到由于团队间的高水平协作、相互影响和尊重，缩短了循环时间、减少了浪费并提高了客户的工作效率。

我常听这些具有孤岛式思维的领导者抱怨说，他们和团队忙于让流程运转，抽不出时间参与跨职能工作，在他们看来，跨职能工作是奢侈的活动。要消除这种阻力，需要来自高层领导的坚定支持，需要他们强烈地认同跨职能工作的重要性及其带来的好处。跨职能工作的好处可能包括：流程效率的提高降低了数百万英镑的成本，商业好处比如确定新的跨类别客户定位，改善库存情况以及令人满意的工作方式带来的员工参与度提高。

我见过的效果比较好的活动包括为协调流程而举办的团队间公开活动、更深入地了解各个团队的优先事件和约束条件、为加强协作提高反馈水平。定期和持续的团队间的讨论，有时是整个团队参与，有时是团队派代表参与，有助于维持和加快协作进度。在网络论坛上分享和解决问题能使所有相关人员都看到对话内容。

制度化

第四个过程是将建设整合公司的旅程和共享学习制度化，采用的方法是把它们嵌入到组织的系统、结构、日常工作和实践中。可以通过增强整合思维、促进协作活动的方式来助力新组织习惯的形成。

这个过程有可能与前三个过程同步发生。例如，你可以运用更加整合的方式重新设计支持员工职业生命周期的人力资源流程、支持学习的系统以及提供管理信息以支持更成熟的决策的财务系统，而且为了激励创新，你可以加大员工学习和共享知识的力度。关键的一点是，要在相关人员做好了准备并理解了变化的原因时再落实这些变化。

改变心态

尽管技术推动了组织对灵敏性的需求，但技术本身并没有使组织提高灵敏性。实现这一目标需要改变人们的工作方式、思维方式、对待数据的方式以及他们与客户打交道的方式。

安吉拉·斯宾德勒，N布朗集团有限公司首席执行官

53

就整合性进行高效的沟通

从本章截至目前所描述的活动来看，在提高企业整合性的过程中，基层管理者发挥着重要的传导作用。

你和这些基层管理者会发现，利用好四个层次的沟通对提高企业的整合性大有裨益。这四个层次的沟通（如图10.3所示）分别是：传播、回应、对话和决策，每个层次的沟通都有其作用。

1. 传播

"传播"方法对散布头条信息和强化关键信息非常有用，我们看电视广告时常有这样的体验。这种方式虽不那么讲究，但确实能向大量观众传达简单的信息。不幸的是，观看电视时的经历也告诉我们，大多数观众会忽略这类信息，而且信息本身不足以改变观众的行为。定期通过视频、电子邮件或网络直播的方式传达 CEO 指示是有效沟通的一部分，但是仅仅只依靠它们是不明智的。

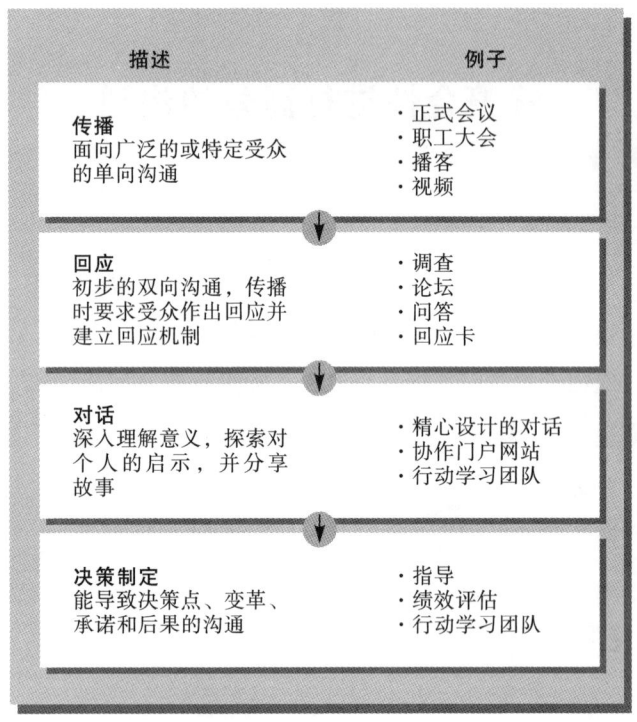

图 10.3　四个层次的动员沟通

来源：西鲁斯

2. 回应

回应层次的沟通可以评估意见，并开启一种更加整合的动员方式，经典的参与调查就是一个范例。当每个人按要求做出回应时，他们就是在提高其参与度和敬业度。他们的期望也会因此而提高。而且，当人们没有因得不到回应而感到失望时，后续的行动就变得至关重要。你可以使用民意调查和群公告板来获取人们更多自发的反馈意见。

3. 对话

更有效的是第三层次的对话。在这一层次，人们参与讨论，这是一个自主地建构意义和处理手头问题的社会过程。通过这一环节，人们会把主题内化，例如，当一个团队被要求在特定的组织流程中增强协作并思考协作对他们的意义时，他们会结合自己的经历思考这些问题。这就是我一直强调精心设计的讨论在团队活动中至关重要的原因，它能使团队接受新思想，并考虑他们对新思想的反应。

4. 决策

最后是第四层次的决策，当我们想让人们做出自主选择、调整心态以及决定做出某些方面与之前不同的行为时，这样的沟通会非常有益。做出选择意味着下定了决心，就像消费者把想购买的商品拿到收银台前结账一样。当你把这一决策应用于整个企业时，你就会发现它的威力有多大。

例如，当所有人决定在项目结束之际对其进行审核并从中汲取经验教训时，这说明组织的学习型文化建设已见成效了。这样的决策为人们采取行动把决策付诸实践提供了动力。当不同的团队决定一起做某些事情时，他们就对彼此产生了群体责任意识。如果团队领导人鼓励这种做法并能适时地做出审核，那么这会导致员工的行为发生变化，最终使绩效提高。特别是对于远程团队而言，通过在线共享工具进行审核十分有益，团队成员可利用这样的工具分享关心的问题、见解，也可以互相学习。

我们希望各级领导者能让下属参与相关的讨论，这有利于他们做出最佳决策。跟进和审核会变成新习惯，到那时，变化自然就发生了。

总而言之，你在所有的沟通工作中都要寻求嵌入整合文化，也就是说，你始终要把客户、同事以及其他利益相关者视为优先考虑的对象，而且这些相互联系的人是你建设更灵敏、更以客户为导向的公司的基础。从某种程度上说，做到这一点很简单，只要实现了对任务的关注和对人的关注之间的合理平衡即可（在我参观过的绝大多数组织里，领导者更关注任务）。但实际上，实现这一目标需要运用特殊的思维方式和行为方式，它们与过去那种重视英雄式领导并通过指挥控制进行管理的方式截然不同。带着你的人踏上整合之旅是一大挑战，但是，当你认定自己做出了正确的选择时，这一旅程就变得容易多了。

54

案例研究——直销店集团如何动员员工

直销店集团（Shop Direct）是英国领先的多品牌网络零售商。近年来，该集团实施了转型，成为世界级的数字型企业。集团下辖维尼（Very）和利特伍兹（Littlewoods）品牌，每年为数百万客户提供 5000 多万件商品。近年来，随着数字革命的影响，该集团通过手机和平板电脑完成的交易量飙升，2015 年，其线上销售份额达到了总收入的 90%。

文化更新

该集团认识到，领导者和员工是集团成功转型的核心因素。2012 年，集团实施了以新的目标和价值观为导向的品牌契合战略，这一举措激励了员工们竭力提高绩效，将集团打造成一家成功的 21 世纪企业。集团的目标是什么呢？是"让更多人轻松地买到好商品"。

这样的转型非常引人注目，因为该集团最初从事的是非常传统的纸质目录业务。它需要在整个集团内采用新的领导风格，需要改变行为模式。直销店集团的人事总监雅克·汉弗莱斯（Jacqui Humphries）说："我们实现了真正意义上的文化变革，随着我们逐渐向全数字化企业转型，我们的雇主品牌契合计划改变了我们的经营方式和行为，我们采用了新的领导风格，这对数字化企业的未来发展至关重要。"

为了实现转型，直销店集团围绕履行诺言、创新、勇气和热情的原则推出了领导力提升计划。该计划的实施使领导者具备了推动变革、动员同事们认同新的品牌目标和价值观的技能，有助于他们把集团建设成为适应未来发展形势的世界一流数字零售商。

适应新世界的新技能

雅克说："我们与客户互动的方式正在迅速发生变化，我们要确保同事们的行为完全符合集团的数字化目标。在数字化的新世界里，我们的客户通过脸书和推特等社交媒体与我们进行实时沟通，我们要顺应这样的变化，而且要确保同事们接受这样的变化。这样的转变是令人兴奋的，在某种程度上可能是前途未卜的。我们必须以全新的方式重塑我们的雇主品牌，提高员工的参与度。"

直销店集团首先确保了高层领导的一致性。雅克说："我们需要确立明确的目标和方向，有了它们，才能把人们凝聚在一起，不只是领导者和管理者，还有组织里的其他人。员工们需要知道他们为什么每天要来上班，我们要帮助他们理解他们在实现组织目标的过程中发挥的作用，然后让他们获得相应的技能。"

欣然接受变革

那么，你如何带领人们踏上意义重大的转型之旅呢？直销店集团的做法是，先召开由 200 位高层领导者出席的会议，促使他们认同新的战略和目标。这样的沉浸式会议有助于产生品牌拥护者和消除人们的疑虑。领导们都参与了故事的创作，都学习了向他人讲故事的技巧。雅克说："讲故事是组织内最重要的沟通方式，我认为很多企业在这方面做得不到位。大多数组织只是'告诉'人们要做什么，但讲故事能增进理解，建立情感联系。讲故事是以现实生活中的例子解释一些事物何以重要的原因，这种沟通方式至关重要。"

为了让更多的领导者认同集团的新战略和目标，后来该集团又多次召开了沉浸式会议和创新会议，与会的领导者多达数百名。会场的布置给人以强烈的视觉冲击，他们还举办了多场别开生面、有趣的研讨会和演示会。分组讨论会议解决了价值观的核心要素和规划问题。雅克说："我们的目标是'让更多人轻松地买到好商品'，它是我们赖以生存的根本。我们的价值观是信任、雄心勃勃、自豪、创新和共进，它们事关我们实现目标的方式方法，是指导我们生活的原则，是帮助每个人理解我们如何共事的黏合剂，是创造积极环境的一系列行为。你需要明确的目标和价值观，没有它们，你会陷入麻烦。"

领导和倾听

由于集团的领导者要动员所有员工参与，他们都以身作则，成了践行价值观的榜样。集团还推出了"了解你的职责"（Know Your Part）这一网络项目，个人可通过它了解自己及所在团队在集团实现目标的过程中所发挥的作用。整个组织的团队都确立了自己的目标，这些目标都与集团的目标一致，个人发展和职业规划也因此与集团的目标和价值观建立了联系。雅克说："当团队能够开展协作时，组织会运行良好。明确的目标和价值观能促进组织内的协作，共同的理解能把各类群体凝聚起来。在此过程中，高层领导要率先垂范。"

该集团知道，其 1700 名客服顾问对建设以客户为中心的文化和实现集团目标至关重要。符合价值观的行为技能培训有助于提高客户的满意度。雅克说："倾听非常重要。领导者可以从一线员工那里获得与客户打交道的经验，我们会请这些员工参与制订应对挑战的解决方案。"该集团相信，在瞬息万变、竞争激烈的市场中，虚心倾听一线员工的意见尤为重要。"这些员工每年要与 500 万客户打交道，他们有很多真知灼见可以分享。一切都在快速变化着，今天的客户可以做出十年前不存在的选择。现在，企业不占上风，占上风的是顾客。你必须知道你的客户是谁，你必须契合他们的需求。"

那么，直销店集团从变革中收获了什么呢？在提出新的目标和价值观两年后，该集团已经成为了世界级数字零售商。从公布的数据来看，其税前利润在 10 年内首次实现了512% 的增长，而且 90% 以上的销售都是通过网络完成的。目前，其下辖的维尼品牌的市值高达 8 亿英镑，而且实现了两位数的销售增长，表现优于市场同类品牌。员工的参与度大大提高。该集团的转型之旅堪称完美。

整合型公司调查表

你在第三章见过这张简单的调查表，它涵盖了整合型公司的五个因素，你可以运用它分析你组织目前与标准的整合型公司的差距，并由此确认，在设计新工作方式的过程中，你应该关注哪些方面。

通读本书后你会发现这张调查表很有用，回过头来看看它，对比一下分数，是否与之前有变化。可以与团队一起审视它，以便为后续的讨论奠定基础。试着运用我们在第六章介绍的一些技巧来改善共享对话。

关键的整合性指标——组织

你的个人信息

姓名		组织	
职能部门		职位	
日期		性别	

请结合实际情况为下列有关组织的描述打分。如果你评估的是组织的某个部门，那么请根据部门的实际情况作答。评分标准为：

1 分表示强烈反对

2 分表示反对

3 分表示既不反对也不同意

4 分表示同意

5 分表示强烈同意

拿不定主意时，请选择最能反映你组织现状的分数。

题号	描述	1	2	3	4	5
	在这个组织内	1 分表示强烈反对 5 分表示强烈同意				
1	我们对组织存在的原因有共同的理解					
2	我们很清楚组织想实现什么目标					
3	组织的战略为所有职能部门/团队确定重要事项提供了明确和一致的指导					

续表

题号	描述	1	2	3	4	5
4	每个人的目标都与组织的战略目标直接关联					
A 部分总分（将上述所得分数加总）						
5	各个层级的管理人员与同事建立了开放和信任的关系					
6	管理人员有强烈的自我意识和高情商					
7	管理人员在做出重大决策前会征求各方意见					
8	管理人员总是为了整个组织的最大利益行事					
B 部分总分（将上述所得分数加总）						
9	由尽可能接近客户的部门做出面向服务的决策					
10	只有关键的战略性决策由中央做出					
11	根据组织的总体战略并结合当地环境做出本地化决策					
12	提供一致的管理信息以支持组织内的协同决策					
C 部分总分（将上述所得分数加总）						
13	高绩效的团队工作是常态					
14	强大的跨职能工作是常态					
15	薪酬结构根据集体功绩而非个人绩效设定					
16	坦诚和有意义的对话占主导地位					
D 部分总分（将上述所得分数加总）						
17	为了给客户提供最佳的服务，所有团队不断完善自我					

续表

题号	描述	1	2	3	4	5
18	文化支持无责任的尝试					
19	为促进创新和改进，知识自由分享					
20	一视同仁地培养各个层次的员工					
E 部分总分（将上述所得分数加总）						

分数加总

部分	描述	分数
A	目标和方向 整个组织的日常运营在多大程度上体现出了组织具有明确的目标和方向？	
B	真诚性 组织内的关系质量和基于价值观的领导力水平如何？	
C	下放的决策权 组织的决策权是下放的还是集中的？	
D	协作性 团队合作和协作是否组织的常态？	
E	灵敏性 组织在多大程度上营造出了鼓励员工大胆尝试、免受惩罚和从经验中学习的氛围？	
总体	总分体现了组织总体的整合水平	

解释

得分在 20~40 分之间表示整合性较低，说明组织内指挥控制型领导模式或官僚主义盛行。

得分在 41~60 分之间表示整合性有限。

得分在 61~80 分之间表示整合性水平较高，说明整个组织的赋权和学习氛围较浓，员工具有强烈的集体战略意识。

得分超过 80 分表示，组织实现了高度的整合，它采用分布型领导风格，鼓励员工在共同的价值观和以客户为中心的心态基础上开展高水平的创新。

自省问题

◆自你第一次看到这张调查表后，结果是否有变化？如果有的话，你能从中得到什么启示？

◆你如何才能最大限度地动员你的团队与你一起踏上真正的整合之旅？

◆你如何才能最大限度地动员整个组织的人？为了积聚动力，你首先会采取什么措施？

整合型领导者核验清单

1. 让尽可能多的人参与整合之旅的每个阶段，这样才能提高成功的几率。

2. 通过一系列途径帮助人们理解整合性的含义及其重要性，让他们思考自己在建设整合性组织的过程中发挥的作用，让他们有备受重视的感觉，而且要让他们开始以与之前不同的、更加整合的方式做事。

　　3. 贵在坚持，需要投入大量的时间和精力才能为新工作方式在公司内落地生根积蓄足够的动力，进而改变公司的思维和运营方式。

注释

1 Dawson, M.J.and Jones, M.L.(2007)'Human change management: herding cats', London: PwC, 21−23.

2 Ulrich, D.and Smallwood, N.(2004)'Capitalizing on capabilities', *Harvard Business Review*, June, 119−128.

3 MacLeod, D.and Clarke, N.(2009)'Engaging for success: enhancing performance through employee engagement', A report to government; **http://www. engageforsuccess. org/wp-content/uploads/2012/09/file52215.pdf.**London: Office of Public Sector Information.

4 Collins, J. (2001) *From Good to Great*, 1st edition, London: Random House Business.

5 Bridges, W. (1991) *Managing Transitions*, Philadelphia, PA: Da Capo Press Inc.

6 Mintzberg, H.(2009)'The design school: reconsidering the basic premises of strategic management', *Strategic Management Journal*, 11(3), 171−195.

7 Weick, K.(1995)*Sensemaking in Organizations*, London: Sage.

第十一章

后续步骤

在本章中，你可以反思整合领导力的各个要素，考虑整合之旅的后续步骤。你还可以反思整合领导力框架与你的企业之间以及与整个社会之间的关系，是时候综合考虑它们了。

55

反思

现在是时候反思你和你的组织目前的整合状况及未来的目标了，也是时候考虑为了增强你和同事们的整合领导力，应该优先做哪些事情了。

如果你对每章末尾列出的问题做了笔记，那么请仔细阅读它们，并花时间思考你能从中得到什么启示。也要审视你在前一章末尾处的整合型公司调查表中做出的解答，反思你能从中得到有关优先事项的什么启示。

可从个人、团队和组织三个层次考虑后续的步骤。思考并列明当前每个层次最强和最弱的整合性因素。你个人最满意的是哪一个，最不满意的呢？同样，你的领导团队在哪一方面表现最强，对哪一方面最有信心？在哪一方面表现最弱，最无信心？与团队讨论这些问题并确定你们的优先事项。从企业层面来看，你的组织目前哪个因素的表现最亮眼，哪个最弱？你会发现，无论哪个层次，你都可利用整合型公司调查表确定变革的优先事项。你也可以运用图 11.1 所示的 RAG 表进行分析，以红色（Red）、琥珀色（Amber）或绿色（Green）标记各个层次的整合因素的相对强（绿色）

弱（红色）。

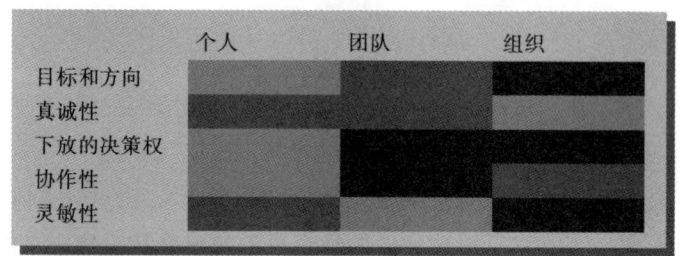

图 11.1　整合领导力的现状报告

　　如图 11.1 中的 RAG 表所示，当第一行的三个方格分别显示绿色、琥珀色和红色时，表示你很清楚目标和方向，你的团队对它们有一定的认识，但企业内的其他人不清楚。这可能意味着，你得想办法动员你的领导团队深入讨论企业的目标。还要讨论一个事关整个企业的更广泛的问题，即你们要去哪里以及你们所做的事情为什么如此重要。想办法让公司里的其他人了解你们的目标和方向，这对企业的发展非常有益，能促使整个企业的人行为高度一致，干劲十足，使企业成为更出色的工作场所。这反过来有助于企业招贤纳士，促进其未来的增长和持续发展。这些效果会逐渐显现出来。

　　如果你能把这一分析拓展至你的领导团队和整个公司，那么你将对公司的整合状况做出可靠的诊断，从而为变革计划的制订奠定坚实的基础。你可以运用调查工具进行此类分析，除此之外，我建议你运用更为定性的研究方法做为补充，比如进行访谈、设立倾听小组和在整个组织内开展团队讨论等。这样，输出的共享性会吸引你的同事们踏上变革的征程。

我还建议你通过现有的研究报告或者开展特定的研究了解客户的想法，了解如何才能更好地满足他们不断变化的需求以及从他们的角度来看反应灵敏是什么样的。对于飒拉公司而言，这意味着它要以客户支付得起的价格快速提供反映了本地和国际不断变化的时尚和品位的时装。你的客户是怎么想的呢？

行动计划

做出诊断后就要制订行动计划了。我们在第十章讨论了能为整个企业的战略性变革积聚动力的活动，当你和同事们一起为真正的整合之旅制定计划时，开展这些活动无疑是非常有益的。

同样，我建议你把制订计划视为一项整合活动，让你企业的人都参与其中，给他们提供影响结果的机会。在确定投资和行动的优先次序时，要让客户了解你的想法。还记得奥尔特加先生（Mr Ortega）所说的"五个手指触摸工厂，五个手指触摸客户"的形象吧。多年来，飒拉对客户的高度关注一直是推动其发展的重要因素。

56

互联互通的社会

整合领导力有望成为 21 世纪的组织领导框架，它也契合了社会大形势的变化，这样的结果并不奇怪，正是由于消费者行为的变化、社交网络的兴起以及技术的迅猛发展及其带来的变化，整合领导力才应运而生。整个社会无所不连通，处处皆智能（物联网）。我们在第二章就讨论过，我们在日益不确定和不可预测的社会网络中生活，目睹了代际变迁日益加速，宗教冲突愈演愈烈，经济实力自西向东倾斜，这些都导致我们身处的环境处于"混沌的边缘"，未来会发生什么事件变得越来越不可预测，我们的行动所产生的结果也不再像以前具有确定性了。

在这样的背景下，社会和政治领导人可利用整合领导力框架思考如何在复杂的环境中高效地领导。如果你是政治领导者，你如何利用整合领导力框架来建设一个连通性更强的社会呢？我的建议如下：

目标和方向

我认为，在许多开放社会里，人们很可能树立国家层面的强烈目标意识。例如，2014 年的苏格兰独立公投就体现了当地人民对苏格兰身份的深刻认同，而且，在这种认同的推动下，民族主义者在 2015 年的威斯敏斯特（Westminster）议会选举中大获全胜。苏格兰人重新发现了他们为苏格兰人身份感到骄傲的理由，而且在这种高层次的使命感的推动下，当年的投票率高达 84.5%。无论苏格兰人是想独立还是想继续留在大不列颠王国联盟内，他们都想表达自己的观点，都想参与其中，都想以英国政坛几十年来未曾有过的方式影响他们未来的走向。

在我看来，身为政治领导人，你的首要工作是激发民众的目标和共同方向感，让他们萌生参与的意愿，关心国家的前途命运，思考他们自己可发挥的作用。个人责任感会促使他们做出积极的贡献而不是袖手旁观，至少我们在英国近年来的选举中常常看到这样的情况发生。我相信民主、和平、教育和共同繁荣是我们的追求，是值得我们热情支持、为之奋斗的使命。政治领导人要激励民众为建设我们喜欢的社会类型而不懈奋斗。

真诚性

无论我们身处什么样的社会，社会目标的重要性要靠文化价值观做为支撑。以保密、特权和控制为价值观的社会，从文化上看是完全封闭的。但我想要加入的社会从根本上是开放的，它具有宽容、尊重每个人及其言论自由、关爱他人的价值观。政治家们需要勇敢地捍卫这些价值观，即使它们可能会造成麻烦，例如言论自由可能会导致异议，这要么被视为威胁（如果你是掌权者），要么被视为健康社会的标志。

有证据表明，在世界的部分地区，不容异己的现象越来越突出，在这样的背景下，宗教宽容显得尤为重要。由于政治正确以及害怕触犯教规教义，很多人不愿意公开捍卫容忍和尊重的价值观。我们需要更强大的政治领导力量来维护开放的价值观，避免在冒犯他人的情况下支持不容异己的行为。我尊重法国人在革命后采取政教分离的做法，既保障了宗教自由，又把政治与任何特定形式的宗教分离开来，这是确保宗教宽容和坚持文化开放原则的一种非常有益的方法。

通过协商确定一国的文化后，政治领导人更有可能捍卫这种文化。如果文化以开放的价值观为基础，那么捍卫它就是值得的。在过去的 100 年里，可歌可泣的事迹在各种冲突中时有发生。在第二次世界大战中，许多人为了"维护自由"，不惜冒着生命危险奋力击败了欧洲和太平洋地区的法西斯政权就是明显的例子。

下放的决策权

民主是人们享有的一项权利。根据这一权利，人们可自行决定接受谁的管理，谁有权对影响他们的决策发声，许多开放社会的宪法中对此都有明文规定。但有意思的是，公司却没有接受或遵循任何民主治理原则的义务。然而，我们的同事们（至少是开放社会中的同事们）认为，他们在工作中不得不放弃一定的民主权利。作为一名整合型领导者，你应当确保你的同事们对民主权利的感受在工作内外不存在这样的差异。

正如我们看到的，当你让企业里更多的人参与决策时，你会收获实实在在的好处，如灵敏性和客户响应能力的提高等。在政治背景下，下放决策权意味着将权力下放给区域和当地的政府机构，目的是让人们对影响他们的决策有更多的发言权。从理论上看，下放决策权是好方法，但在实践中，它不一定能产生有益的结果。在某些地区，政治权力的下放导致了当地的官僚机构增加，我担心这些地方的决策下放机制正在阻碍人们获得潜在的好处。这里的政治代表人数增加了（即政客更多了），官僚机构管理成本飙升了，但决策却没有得到任何改善。我认为，这样的结果违背了下放决策权的初衷。

我们需要明确地方和国家层面的决策权，需要保持最低限度的官僚体制。当地方没有设立基础的民主机构时，我们要安排好当地的决策。新加坡实施的是良性独裁制度，地方政府可做出一定程度的决策，地方经济因此大大受益，社会福利大大提高，而地方并没有设置相应的民主机构。但是，当专制的领导人不那么善良时，麻烦就来了。我们需要平衡好对企业式治理的需求和对人们福祉的责任。

协作性

协作是为了共建更加美好的社会，在这样的社会里，我们寻求与他人合作，而不是支配他们。如在企业一样，当你设定了正确的目标、方向和价值观时，你就建立了一个自由的框架，公民们可在这一框架内努力拼搏，力争取得好结果。在世界各地的社团里，有数百万人在为建设更加美好的世界而努力，他们有的参加社区工作，有的照顾弱势群体，有的为慈善事业筹款，还有的在慈善机构工作。吸引那些目前不太热衷于协作的人参加这样的社会运动是很好的做法，它能让我们树立更强烈的共同目标、方向和价值观意识。

在实践中合作

"在全球化的世界中，协作很关键。近来，在当地的社区团体、医生、尼日利亚政府和世界卫生组织的密切配合下，埃博拉（ebola）疫情在非洲人口最多的国家得到了有效的遏制和根除。"

汉纳·博德曼，谢菲尔德大学（University of Sheffield）政治学（荣誉）学士

灵敏性

政治语境下灵敏性与教育（学习）、进步、创新等造福

人的因素有关。它指的是，以技术造福世界上的所有人，例如开发新药、向买不起药的人提供药品、提高贫困地区的粮食产量、改善卫生设施等。从根本上说，政治语境下的灵敏性事关范围广泛的共享，它以全球适应性意识为基础，是为了建设一个不断学习、可持续的星球。

建设更加联通的社会能带来显著的好处，例如增强协作，减少生活水平差距，建立更加公平的社会等。但要落实这些好处，需要我们改变政治心态，采用更为开放的参考体系，通过这个体系我们能意识到，自身利益和共同利益是相互促进的。人与人是相互联系的，人人为我，我为人人。

57

结论

我们身处于网络化的社会中，多代劳动力同在职场上工作，全球化的影响不断增强。整合领导提供了一种能让我们顺应这些变化的领导能力建设方法，我们可以利用它建设整合型组织，对不确定的环境做出积极的响应。突飞猛进的技术为我们的工作和生活创造了许多机会，但也带来了诸多不确定性，为此我们需要加强组织内外的联系，提高与客户、与供应链之间的整合性。我们需要提高适应能力，唯有如此，才能在半混乱的形势下经营好企业，才能在我们的客户被过量的信息包围时，我们仍与他们保持联系。

> **一切才刚刚开始**
>
> "世界在加速变化，人们很容易忘记这一点：数字革命仍处于早期阶段。自 50 年前分组交换网络和微处理器问世以来，数字世界已经发生了翻天覆地的变化。在基础研发和实践工程领域，新发现不断涌现，而且有加速之势。毫无疑问，更多的剧变将会出现。"
>
> 卡特林（Catlin）等[1]

我希望你在阅读本书后能够确定自己的优先事项，明确应把提升领导力的重点放在哪里。我也希望你能意识到在整个组织建设这种能力的必要性，它能助你创建更灵敏、更以客户为导向的企业。我还希望你知道如何有条不紊地实现这一目标。

上述五个因素为你实现整合目标提供了明确的行动框架。这五个因素是根据大量的研究成果总结而来的，包括我自己的以及其他各类研究人员和国际领导力专家的研究。目标和方向、真诚性这两个因素提供了一个能使每个人了解企业使命及其重要性的自由框架，另外三个因素能提高企业的灵敏性和以客户为中心的工作水平。企业要适应这个动荡的世界，就需要做到这些。在技术的推动下，世界瞬息万变，为此我们需要改变工作方式，需要采用整合领导风格。随着更多权力的下放以及协作性和灵敏性的提高，你的组织会对市场做出更加积极的响应，进而保持领先地位。

注释

1 Catlin，T.，Scanlan，J. and Willmott，P.（2015）' Raising your digital quotient'，*McKinsey Quarterly*，June，1.

图书在版编目（CIP）数据

整合领导力 / （英）西蒙·海沃德（Simon Hayward）著；马林梅译. — 长沙：湖南科学技术出版社，2020.9
ISBN 978-7-5710-0547-4

Ⅰ. ①整… Ⅱ. ①西… ②马… Ⅲ. ①企业领导学 Ⅳ. ①F272.91

中国版本图书馆 CIP 数据核字 (2020) 第 056073 号

著作权合同登记号：18-2017-279

中文简体字版权专有权归湖南科学技术出版社所有

CONNECTED LEADERSHIP

978-1-292-10476-8 by Simom Hayward, Copyright © Simom Hayward 2016(print and electronic)

This translation of Connected Leadership is published by arrangement with Pearson Education Limited.

Simplified Chinese Translation copyright © 2020 by Hunan Science&Technology Press.

ALL RIGHTS RESERVED

ZHENGHE LINGDAOLI

整合领导力

著　　者：[英]西蒙·海沃德
译　　者：马林梅
策划编辑：陈　刚
责任编辑：李　柔
出版发行：湖南科学技术出版社
社　　址：长沙市湘雅路 276 号
　　　　　http://www.hnstp.com
湖南科学技术出版社天猫旗舰店网址：
　　　　　http://hnkjcbs.tmall.com
印　　刷：长沙鸿和印务有限公司
　　　　　（印装质量问题请直接与本厂联系）
厂　　址：长沙市望城区普瑞西路 858 号金荣企业公园 C10 栋
邮　　编：410200
版　　次：2020 年 9 月第 1 版
印　　次：2020 年 9 月第 1 次印刷
开　　本：889mm×1194mm　1/32
印　　张：11.5
字　　数：224 千字
书　　号：ISBN 978-7-5710-0547-4
定　　价：58.00 元